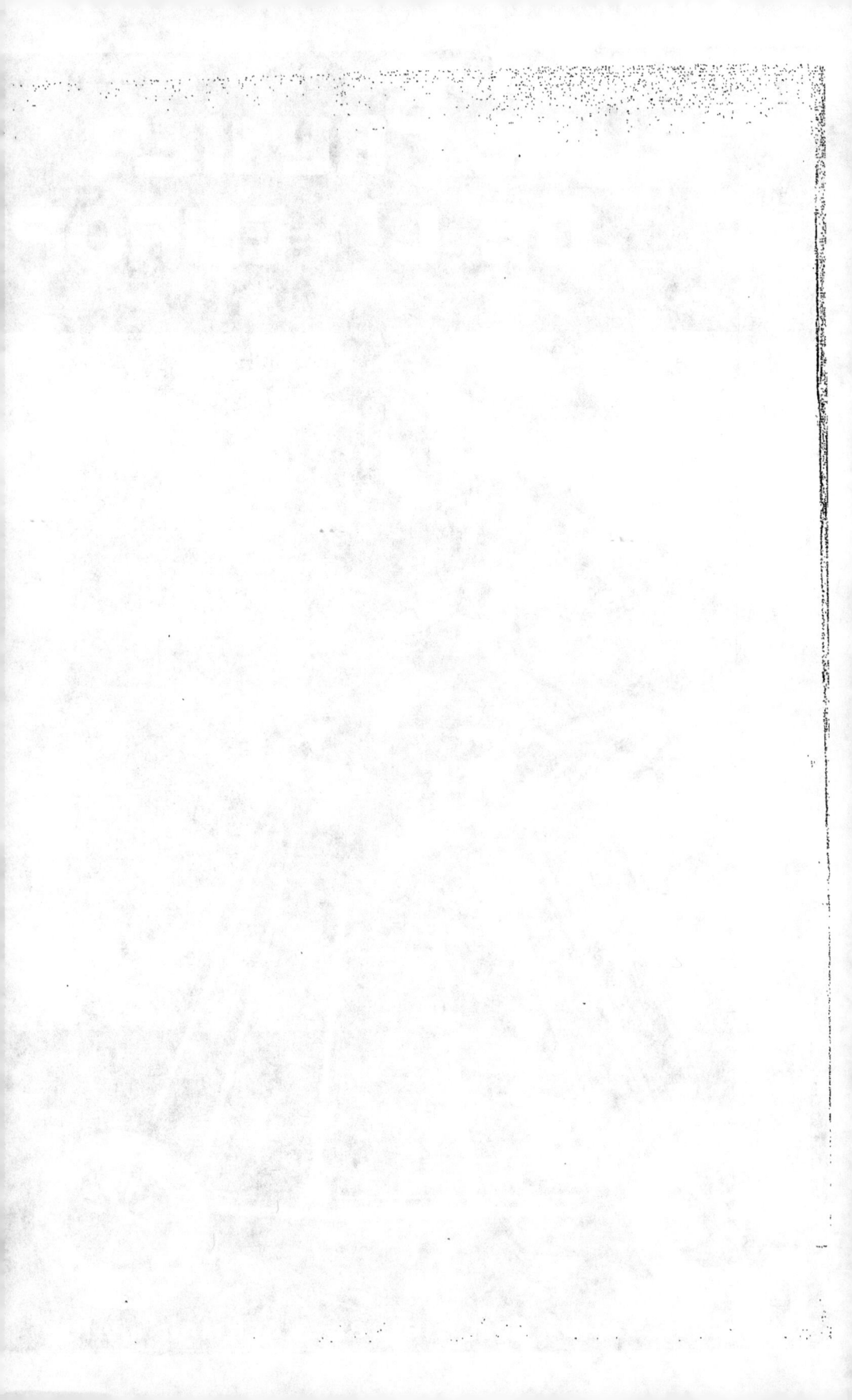

GRAND-CARTERET

JEUNE PREMIER
DE L' EUROPE

LIB. MICHAUD . EDIT . 168 BD ST GERMAIN - PARIS

LE JEUNE PREMIER

DE L'EUROPE

80c
1971

OUVRAGES DU MÊME AUTEUR

1° Collection des Célébrités vues par l'Image,
volumes in-16 jésus, à 3 fr. 50, avec nombreuses illustrations :

— *L'Oncle de l'Europe* (ÉDOUARD VII), avec 289 pages.
— *Nicolas, Ange de la Paix, Empereur du Knout* (NICOLAS II),
   avec 286 images.
— *Popold II, Roi des Belges et des Belles* (LÉOPOLD II), avec
   285 images.
— *Le Jeune Premier de l'Europe* (ALPHONSE XIII), avec 250
   images.
— *Lui* (GUILLAUME II), avec 348 images.

2° Collection des Événements vus par l'Image,
volumes in-16 jésus, à 3 fr. 50, avec nombreuses illustrations :

— *Contre Rome : La Bataille anticléricale en Europe*, avec
   286 images.

IL GRANDIRA CAR IL EST ESPAGNOL

D'après une maquette de César Giris.

JOHN GRAND-CARTERET

LE JEUNE PREMIER
DE L'EUROPE

Devant l'objectif caricatural

(*Lustige Blätter*, de Berlin.)

LOUIS-MICHAUD, Éditeur
168 — BOULEVARD SAINT-GERMAIN — 168
PARIS

A Monsieur LUCIEN SAUVÉ,

PHOTOGRAVEUR,

QUI,

DEPUIS SI LONGTEMPS,

PRÈTE SON CONCOURS

A

MES PUBLICATIONS ILLUSTRÉES,

EN BONNE SYMPATHIE

CE LIVRE EST DÉDIÉ.

J. GRAND-CARTERET.

Vignette illustrant un article sur les fêtes de Séville.

La Campana de Gracia, de Barcelone (août 1908).

LE JEUNE PREMIER DE L'EUROPE

~~~~

A Sa Majesté
Très Catholique, Alphonse XIII,
Roi de toutes les Espagnes.

I

*Q*UAND *JACINTO OCTAVIO PICON, membre très illustre de l'Académie espagnole, sœur discrète de l'Académie française, quoique, comme elle, de vieille noblesse, publiait ses* Apuntes para la historia de la Caricatura, *simples notes condensées en une brève vue d'ensemble — on était alors en 1879, — rien, assurément, ne faisait prévoir que, vingt ans après, Votre Majesté donnerait à l'Europe, ce qui manquait le plus à sa galerie de têtes couronnées, quelque pittoresque qu'elle pût être — un souverain pouvant prétendre au rôle de jeune premier, et le tenant, en effet, non sans une certaine crânerie; — un souverain paraissant tout disposé à faire bon ménage* *avec les idées nouvelles, au milieu de la Cour la plus protocolairement attachée aux idées anciennes; — un souverain ne craignant pas d'afficher un certain libéralisme de convention dans le pays le plus étroitement hiérarchique qui soit!*

Jeune Premier de l'Europe!

Tout comme il y a l'Oncle — cet Édouard VII qui est, tout simplement, le plus remarquable de nos politiques contemporains, — tout comme il y a le Grand-Père, — ce François-Joseph, élevé, mûri à l'école de l'adversité, et qui, de toutes les contrées de son Empire, de tous les points de l'Europe, n'en voit pas moins, chaque jour, les hommages les plus empressés affluer vers lui.

Jeune Premier de l'Europe!

Titre, ce me semble, nullement fait pour déplaire à Votre Majesté et à Son Auguste Épouse; — convenant on ne peut mieux, en vérité, au couple royal qui, volontiers, avec une entière bonne grâce, se dépouille de la pompe rigide d'autrefois; — au couple familial qui entend jouir, comme le commun des mortels, des douceurs de l'intimité et qui, estimant que les souverains doivent payer d'exemple, paraît tout disposé à laisser après lui plus d'un témoignage vivant de son passage sur terre.

Titre de circonstance — le jeune premier étant ici doublé de sa jeune première, — tout à fait propre au couple très voyageur, suivant la conception moderne de la vie, qui ne craint nullement de se laisser voir dans les hôtels et les casinos; — que n'effrayent ni les parties de tennis, ni les garden party, ni les five-o'clock mondains, ni les randonnées en autos de course, ni les ascensions pour rire, en machine volante! Bien au contraire.

Jeune Premier de l'Europe!

Titre dont bien d'autres voudraient se parer et que Votre Majesté dut à ses jeunes ans!

Il y a bien, il est vrai, pouvant marcher de pair, à ses côtés, la Jeune Première de l'Europe; mais combien effacée, en présence de l'héri-

— Alphonse XIII et l'héritier royal, le prince des Asturies, en uniforme du 1ᵉʳ régiment d'infanterie (régiment du Roi).

(D'après une composition du *Sketch*, de Londres, 2 mai 1908.)

tier de Charles-Quint et de Philippe II, la gracieuse petite reine de
Hollande, avec son prince consort que les Hollandais, eux, ne crain-
draient point de... pouvoir... transformer en « prince qu'on prie de
sortir ». Car c'est là le côté particulièrement piquant que présente
Votre Royale Majesté, de réunir en Elle deux personnalités distinctes :
ici, le prince mêlé au mouvement mondain, vivant de cette haute
vie moderne qui est la caractéristique des privilégiés de notre époque,
quels qu'ils soient ; — là, l'héritier d'un des trônes les plus illustres de
la vieille Europe.

Être, dans la réalité, pour le Gotha tout au moins, — car au théâtre
cela ne porte plus à conséquence, depuis que]Victor Hugo a monologué
sur ce sujet, — l'héritier de Charles-Quint ; voilà qui n'est point banal,
voilà qui vous pose dans le monde, alors même que souverain.

Mais aussi, combien lourd le fardeau !

Déjà pour des épaules impériales, aux puissantes avancées, le poids
s'en ferait étrangement sentir.

Que doit-il en être — que Votre Majesté pardonne à mon irrévé-
rence ! — pour un petit roi d'Espagne, à la fois jeune premier, cotil-
lonneur et sportif.

Être l'héritier-né de quelqu'un, de quelque chose, cela, certes, n'est
jamais désagréable !

Être l'héritier de Charles-Quint ! Quelle puissante et terrible évoca-
tion, alors même que ce n'est plus, aujourd'hui, que titre creux, gloire
envolée en fumée ; qualificatif banal, sans autre portée.

Car être héritier n'est rien ; c'est avoir, tenir, posséder l'héritage
qui est intéressant.

Or, où est-il l'héritage légué à Votre Majesté par le tout-puissant
Charles-Quint ?

Partout et nulle part !

Surtout pas en vos royales mains !

Pas plus à Vienne qu'à Madrid ; puisque l'aigle à deux têtes
n'étreint plus en ses serres, ni les Allemagnes, ni les Espagnes, sans
doute à jamais séparées ; puisque l'unité catholique, de toutes parts
entamée, n'est plus, elle aussi, qu'un vain mot.

Le véritable héritier de Charles-Quint et de cette grande idée impériale que Rome légua au monde, — héritier en puissance, en autorité, en prestige, — ne vous semble-t-il pas, Majesté, que ce soit, bien plutôt, le très hérétique, très Luthérien et, en même temps, le très magnifique et très décoratif Guillaume II, Empereur et Roi, Votre Impérial et royal cousin!

Qui, mieux que lui, pourrait présenter les deux qualités requises par la tradition? N'est-il pas ceint des deux couronnes, porteur des deux glaives, à la fois Empereur et Pape? N'est-il pas entouré des deux aigles, aux ailes éployées? N'est-il pas l'Imperator, le César germain?

Il semble que Voltaire ait eu, là, une juste appréciation des choses de l'avenir — cela lui arriva quelquefois — quand il représentait ce Saint-Empire romano-germanique, ainsi nommé, disait-il, parce qu'il n'était ni romain, ni saint, morcelé, disjoint, effacé même du souvenir des hommes, ou mieux encore, se reconstituant par ailleurs, et dirigé contre ceux-là mêmes qui l'avaient, jadis, créé.

Héritier de Charles-Quint! Soit, s'il s'agit de filiation et de titre historique. Mais l'héritage, où est-il?

Où est le tout-puissant Empire, européen et colonial, réunissant sous un même sceptre les Allemagnes et les Espagnes?

Et quant à cette puissance mondiale réalisée par les César, rêvée, entrevue même, par Charlemagne, Charles-Quint, Napoléon, n'est-ce pas à Berlin qu'il faut aller la chercher, aujourd'hui; à Berlin, une de ces grandes capitales modernes qui, du temps de votre illustre ancêtre, Majesté, comptaient à peine.

Héritages! Choses du passé!

Vieilles défroques, vieux souvenirs; et l'on peut se demander si tout ce bric-à-brac d'une monarchie disparue n'est pas quantité négligeable pour le monarque très nouveau jeu que vous êtes, pour le mari très bourgeois d'une princesse anglaise de second plan, pour le jeune ami, pour le jeune parent... pauvre, que protège tout particulièrement Oncle Édouard.

Que pour devenir votre auguste épouse, que pour pouvoir être reine d'Espagne, une princesse de Battenberg ait passé du protestantisme

*au catholicisme, — abjuration de pure forme — il n'en reste pas
moins avéré qu'un sang nouveau a été infusé à Votre Majesté, et qu'un
esprit nouveau, tôt ou tard, pénétrera la monarchie espagnole !*

*Ceci, Oncle Édouard qui, en la circonstance, fut le Deus ex machina,
l'a admirablement préparé et compris, — se souvenant du geste et,
surtout, de l'œuvre de Henri IV.*

*L'Anglaise, c'est pour Votre Majesté la planche de salut : c'est elle
qui apportera au triste héritier de Charles-Quint ce que ne pourrait,
en aucune façon, lui donner la tradition espagnole : l'esprit de tolé-
rance, l'esprit de libre examen, l'esprit de rénovation.*

II

*C'est une royale galerie de portraits, d'un esprit très particulier,
qui vous est, ici, présentée, Majesté !*

*Pas plus que vous n'êtes, en puissance, l'héritier de Charles-Quint,
pas plus elle n'a la prétention d'entrer en comparaison avec cet
incomparable Musée de Madrid qui possède la plus belle collection
d'effigies royales qui soit au monde.*

*D'aucuns pourront être surpris de ne pas même trouver, ici, la plus
petite trace d'une image espagnole visant Votre Majesté, alors que
Barcelone, l'irrévérencieuse Barcelone, qui n'admet pas que la santé du
Roi soit portée dans le vieux palais des* fueros municipales, *Barcelone
aux multiples petites feuilles satiriques, Barcelone avec sa* Campana
de Gracia *coiffée du bonnet rouge, Barcelone si ouvertement « parti-
culariste » et, surtout, si peu « castillane », peut être considérée, non
sans raison, comme un foyer de propagande anti-monarchique.*

*Madrid, lui-même, fut-il toujours si sage ? Est-ce que, il y a
quelques années encore,* Don Quijote, Gédéon, El Motin, *ne se per-
mettaient pas à l'égard du souverain, votre auguste père, de multiples
traits satiriques ?*

*Alors, pourquoi ce silence des crayons ; pourquoi cette absence de
toute image, même purement humoristique ; pourquoi cette ignorance
du souverain, qu'il s'agisse du* personnage public *ou du* personnage
privé ?

Défense, de par la loi, de toucher à Sa Majesté, m'ont répondu uni-

2

formément ceux de vos sujets auxquels j'avais cru pouvoir m'adresser.

Soit. Il en est de même en Allemagne, et pourtant Guillaume II voit, tous les jours, de nouvelles caricatures allemandes surgir contre lui.

Par contre, il est vrai, on chercherait en vain, aussi, des caricatures anglaises sur Édouard; des caricatures italiennes sur Humbert; des caricatures autrichiennes sur François-Joseph, vos très illustres et très puissants cousins, Empereurs et Rois.

Loyalisme ou crainte des rigueurs de la loi?

Ce qui n'est, en Angleterre, que loyalisme, et quel loyalisme! — faisant de tous les Anglais des citoyens plus royalistes que le Roi, — me paraît être en Espagne, Majesté, ce très humain commencement de la sagesse qu'on appelle la peur de la prison.

Vos prédécesseurs furent caricaturés. Il a paru aux conseillers de Votre Majesté que cette licence eut des effets désastreux.

Et c'est pourquoi, en ce Livre d'Or des satires illustrées publiées sur Votre Majesté très Catholique, l'Espagne brille par son absence.

Grandira-t-il, ce Livre d'Or? On peut le supposer, quoique non espagnol, — puisque, dès son apparition sur le théâtre du monde, Votre Majesté s'est trouvée être une des personna grata de la Caricature; puisque, à chaque événement important qui se produit en Espagne, la satire crayonnée La fait à nouveau passer devant son objectif, notant, enregistrant pour l'Histoire ce qui n'ose se dire sur terre espagnole.

Votre Majesté parviendra-t-elle, ainsi, à éviter toute révolution intérieure; on ne saurait le dire. En tout cas, elle n'échappera pas au jugement de l'Europe maintenant que s'est créée une sorte de conscience publique universelle, une sorte de Code moral des nations civilisées comme il y a un Code du droit des gens en matière de guerre.

Les récents événements dont Barcelone fut le théâtre l'ont amplement démontré.

Puisse donc, Votre Majesté, ne jamais plus soulever contre Elle les traits acerbes et vengeurs de la grande caricature politique?

JOHN GRAND-CARTERET.

ALPHONSE ET ENA DE BATTENBERG
— Établissement d'une maison par raisons dynastiques et amoureuses.

(*Lustige Blätter*, de Berlin, Mars 1906.)

I

Les Caricatures sur Alphonse XIII intime

DOCUMENTS PHOTOGRAPHIQUES ET PORTRAITS-CHARGE. — VOYAGE A PARIS. — L'ÉDUCA-
TION D'UN PRINCE CONFIÉE AUX JOLIES FILLES DE LA CAPITALE. — VOYAGES DANS LES
COURS ÉTRANGÈRES A LA RECHERCHE D'UNE ÉPOUSE. — MARIAGE DYNASTIQUE ET SYM-
PATHIQUE. — LA QUESTION RELIGIEUSE ET LA RÉACTION CLÉRICALE. — ALPHONSE VUL-
GARISÉ PAR LA PUBLICITÉ COMMERCIALE.

JE ne crois pas qu'il soit possible de voir défiler devant soi les photographies, les portraits, plus ou moins chargés, du jeune roi d'Espagne, depuis l'enfance jusqu'à la belle jeunesse dorée, sans que certains
vers de Victor Hugo ne vous reviennent à la mémoire.

Et il semble que si don Carlos, le futur Charles-Quint d'*Hernani*,
avait de pareilles images devant les yeux, il se prendrait lui-même à
leur appliquer, *in petto*, certains passages du beau monologue que le
grand poète met dans sa bouche :

Quoi donc! . . . .
Avoir été prince, Empereur et Roi
Avoir été l'épée, avoir été la loi,
Géant, pour piédestal, avoir eu l'Allemagne,
Quoi! pour titre César, et pour nom Charlemagne,
Avoir été plus grand qu'Annibal, qu'Attila,
Aussi grand que le monde.....

Et que tout cela, à travers la succession des âges, vienne aboutir — à quoi?

A Sa Majesté très catholique — oh! oui, toujours très catholique, — Alphonse treizième du nom, successeur d'une longue lignée *alphonsienne*, ainsi cataloguée dans l'histoire : Alphonse Ier *le Catholique*; Alphonse II *le Chaste*; Alphonse III *le Grand*; Alphonse IV *le Moine*; Alphonse V *le Noble*; Alphonse VI *le Brave*; Alphonse VII *l'Empereur*; Alphonse X *le Savant*; Alphonse XI *le Justicier*; — tous rois d'Espagne, entre l'an 700 et l'an 1350, en ces époques heureuses où l'*alphonsisme*, alors de bonne compagnie, semblait fort bien porté sur le trône; — Alphonse, treizième du nom, successeur et héritier direct de cet Alphonse XII qui reprenant, subitement, au XIXe siècle, la série si brusquement interrompue, après 1350, devait, le 20 décembre 1874, grâce au capitaine général Martinez Campos, restaurer la vieille dynastie *alphonsienne*, de si glorieuse mémoire.

Sa Majesté, Très Catholique, Alphonse XIII (1)!

L'enfant du miracle, tant attendu, si ardemment désiré, le bébé rêvé, le chérubin aux cheveux bouclés, pour lequel, dit un panégyriste, « battaient tous les cœurs des mères ». Rêve plus que réalité, car l'*Enfant-Roi* fut, avant tout, un enfant particulièrement frêle et chétif, dont les premières années eurent à subir les assauts répétés de multiples maladies, attaques et convulsions de toutes sortes (2).

---

(1) Peu s'en fallut que le futur roi ne fût pas appelé à prendre place dans la dynastie *alphonsienne*. Les Espagnols se refusaient, en effet, à lui décerner le nom d'Alphonse qui devait figurer dans la chronologie royale avec le chiffre fatidique *treize*. Il fallut la ténacité de la Reine-mère pour vaincre ces préjugés.

(2) Vers l'âge de quatre ans il faillit mourir. Deux violentes crises de convulsions l'avaient conduit à deux doigts de la mort, au point que le Conseil des ministres, présidé alors par M. Canovas, avait dû se réunir d'urgence et délibérer sur l'éventualité d'une issue fatale.

MÈRE ET ENFANT

— Alphonse XIII d'Espagne et la reine régente, Marie-Christine.

(D'après les *Humoristische Blätter*, de Vienne, 1890.)

L'Enfant-Roi !

Il est là, la tête énorme, les yeux hagards, l'expression doulou-
reuse, sur ces photographies publiées de 1887 à 1897, documents
ineffaçables pour les générations futures !

Et quels piteux documents !

Mais les défenseurs attitrés du trône et de l'autel pour lesquels
tous les petits porte-couronnes futurs ne peuvent être, de tradition et
d'essence, que des anges blonds, aux cheveux bouclés, que des phé-
nomènes de précocité intellectuelle, ont une façon à eux de concevoir
les choses et de voir les gens.

Écoutez-les, tout en ne perdant pas de vue les photographies ici
reproduites.

« Alphonse XIII, enfant, avait des yeux vifs et pleins de malice;
loin d'être faible il était grand et solide. » Un alphonsiste par avance
n'ira-t-il pas jusqu'à enregistrer la vigueur de sa poignée de main !

Et combien précoce, l'Enfant-Roi! Si avancé, même, qu'à l'âge où
les autres ne sont encore que de « gentils *bambins* », il était, déjà, lui,
un beau jeune homme!

L'éternelle chanson !

Beau jeune homme! Cet enfant, à l'apparence plutôt souffreteuse,
en qui apparaissaient, ostensiblement, toutes les tares physiques des
fins de race; — beau jeune homme! ce rejeton rachitique d'une glorieuse lignée, condamnée à disparaître par suite d'épuisement, de con-
somption, si elle ne se renouvelle pas aux sources d'un sang pur et
vivifiant.

Plus l'Enfant-Roi entre dans la vie, plus les états de mélancolie et
de tristesse rêveuse s'accentuent, plus les signes apparents de dégénéres-
cence s'affirment. Bientôt la bouche, les lèvres, le nez, les oreilles
affichent hautement ce qui ne se saurait plus céler.

Et les panégyriques continuent jusqu'au jour où apparaît une
manière de personnage, c'est-à-dire un être étrange, curieux, bizarre,
non dénué de crânerie, à la lèvre railleuse, au sourire moqueur, qui
va s'essayer au métier de souverain.

A l'enfant à grosse tête posant complaisamment sur les genoux de
sa mère — photographie multipliée à l'infini et destinée à jouer le rôle

S. M. LE ROI ALPHONSE XIII ET SON AUGUSTE MÈRE LA REINE RÉGENTE
D'après la photographie de Valentin Gomez (*La Illustracion Espanola*, de Madrid, 1897).

des Épinal — au frêle et déli-
cat garçonnet, revêtu d'un
costume militaire, sur les
épaules duquel s'appuie
fièrement une mère heureuse
de l'œuvre accomplie, de la
victoire remportée sur la
nature, une mère qui
fut, tout le temps, un
prodige de dévouement
et d'intelligente atten-
tion, — va succéder,
désormais, le *beau jeune
homme*, à l'air godiche,
à l'air *dadais*, à la lèvre
proéminente, — ce pro-
gnatisme si particuliè-
rement caractéristique
de la maison d'Autri-
che ; marque de fabri-
que indélébile. — sur le-
quel un savant a établi
la matière de tout un
volume curieusement
documenté.

Les voyages forment
la jeunesse : le beau
jeune homme ira pro-
mener son progna-
tisme, son nez mo-

LES VOYAGES DE PROPHONSE

— Il a affronté la colère de Berlin.
mais pas le... choléra de la Rome...
papale.

(*Pasquino*, de Turin.)

ALPHONSE

Figure détachée d'une grande composition en couleurs représentant tous les
souverains européens.

(*Kladderadatsch*, de Berlin, 1905.)

numental, ses oreilles qui émergent, de chaque côté, en formidables avancées — telles des plats à barbe — à travers les capitales de l'Europe, jetant sa gourme un peu partout, dans les bons endroits, chez les actrices et autres belles petites, cherchant dans les Cours l'héritière sur laquelle se pourrait, décemment, fixer son choix, ou, peut-être, plus prosaïquement, l'héritière qui voudra bien de lui et de ses nombreux avantages — car assurément, on peut le dire, sans être taxé de partialité anti-monarchique, il ne saurait concourir en vue du prix de beauté.

Il va, il court : rien ne l'arrête, le jeune homme, et partout où il passe, c'est pour sortir sa romance sentimentale — tant et si bien que la caricature, attentive à ses faits et gestes, ne tarda pas à exercer sa verve sur ce monarque bon enfant commençant son apprentissage d'homme avant de s'exercer au métier de roi — chose parfaitement normale.

Alors se créa, alors apparut dans les illustrés du monde entier, un type tout aussi personnel, tout aussi pittoresque, en son genre, que *Popold, roi des Belges et des Belles*, le petit *Alphonse à sa mémère* — hier encore, ainsi que le représentera plus d'une image, tranquillement assis sur son pot,

ALPHONSE SUR LE POT
(*Lustige Blätter*, de Berlin, 1905.)

des jouets à ses côtés, — Alphonse l'émancipé, qui collectionne à la douzaine les photographies des jeunes princesses, qui remplit ses malles d'effigies de jolies filles, quitte à être sévèrement admonesté par maman; — Alphonse-Roi que les chefs d'État promènent et surveillent tout à la fois, dans la crainte qu'il n'aille faire de trop nombreuses et trop compromettantes visites au *président du Sénat.* Papa Loubet ne fut-il pas, pour lui, d'une bonté sans pareille, ajoutant à ses fonctions présidentielles l'office, non prévu par la Constitution, de *chaperonneur* émérite des jeunes rois !

Et c'est ainsi que l'on vit naître, grandir *le Jeune Premier de l'Europe*, à la face bistrée et mate ; au sourire stéréotypé, à l'œil farceur, à la bouche grande ouverte, comme s'il craignait de ne pas suffisamment humer, boire à pleines lèvres le spectacle de la vie.

Jeune premier au chapeau posé en cascadeur, s'efforçant à prendre un air dégagé, sans pouvoir, toutefois, modifier l'aspect clownesque de sa physionomie ; — *Jeune premier* emplissant l'Europe du récit de ses voyages, à la recherche de la meil-

— Instantané du roi Alphonse XIII publié par *Le Journal*, lors de la visite royale, en 1908.

S. M. LE ROI D'ESPAGNE PASSANT UNE REVUE NAVALE

Croquis de F. Bac, pris, en 1903, à Saint-Sébastien (*La Vie parisienne*, 27 mai 1905).

leure des héritières ; — *Jeune premier* lorgnant les danseuses sous
l'œil paterne des ministres de la République Française, qui, eux,
n'ignorent nullement ce que viennent chercher à Paris les monarques
des cinq parties du monde, grands et petits, blancs et noirs ; — *Jeune
premier* roucoulant l'éternelle chanson du coq à plumage au milieu des
poules qui picorent ; et ne craignant pas, l'occasion aidant, de danser,
castagnettes en mains, un pas aussi espagnol que caractéristique.

Ollé! Ollé! ne faut-il pas faire un brin de cour à Marianne et, même,
lui couler quelque galanterie, pour toutes les jolies filles qu'elle met, si
gentiment, à la disposition *de usted*.

Que d'amusantes caricatures, que de réflexions rosses durant la
visite de 1905, à Paris!

Blanc d'Espagne! c'est le Roi! et voici ce que note, d'une plume
aussi alerte que spirituelle, *le Cri de Paris* : « Il n'est pas beau ! Il est
tout jaune ! — Cette manière de saluer ! — On dirait qu'il gratte le
haut de son képi. — Et ce sourire qui lui fend la bouche jusqu'aux
oreilles ! — Il a tout de même l'air d'un petit garçon. — Il a lestement
sauté dans la daumont. — Dame ! c'est de son âge : il pourrait être au
lycée, en spéciales. — Il a un faciès tiré de collégien. — Vous voulez
dire : d'interne. — Précisément. »

Et pourtant, ce sera un grand roi, d'abord parce que, de droit, il est
grand d'Espagne, ensuite parce qu'il a la taille : — 1 mètre 95 !

LE COQ ET LES POULES

— Le jeune coq apparaît bien encore, en vérité, quelque
peu innocent, mais cela ne l'empêche pas d'être reçu à la
Cour des poules avec une curiosité joyeuse.

(*Jugend*, de Munich, 4 janvier 1905.)

ALPHONSE XIII A L'OPÉRA

— A l'Opéra, pendant le ballet de *la Maladetta*, le roi prit sa lorgnette, et, pendant un bon moment — pendant même plus longtemps que ne le permet peut-être l'étiquette — regarda tourner les danseuses.

(*Le Cri de Paris*, 4 juin 190?.)

Il a grandi,
Il a grandi,
Il a grandi, car il est Espagnol!

De la caricature il montera jusque sur la scène; il se transformera en souverain *nigaudinos* de quelque royaume chimérique, quoique espagnol, et il chantera, sur des airs archi-connus, jadis à la mode :

Avec vous, je m'déboutonne,
Ce qui m' donn' l'air abattu
C'est qu'ma mère, austèr' personne,
Me condamne à la vertu!
Oui, de l'amour je ne soupçonne
Pas un traître mot, sapristi!
Je n'ai connu dans Barcelone
Nulle Andalouse au sein bruni,
Je suis jeun', j'ai de la prestance,
Je suis roi, de pourpre vêtu,
Mais hélas! je n'ai pas perdu,
J' n'ai pas perdu mon innocence.

Inutile d'ajouter que tout le monde, compères et commères, plaignent fort le p'tit roi *de ne pas l'avoir perdu*, et que, tout aussitôt, à cette confession navrante, le chœur répondait, sur un ton pitoyable :

Pauvre p'tit roi, c'est pour sa mère,
Pour sa bonn' mère !

Heureusement, dans Paris, gai séjour, ville de toutes les ivresses et de toutes les voluptés, il est une délicieuse

« LES ROIS S'AMUSENT »

— « Tous les journaux me donnent des femmes et je continue à vivre seul avec mon sceptre. »

Caricature de Golia (*Pasquino*, de Turin).

— Le petit roi se familiarisant avec *la Physiologie du mariage*, tout en étudiant sous les yeux de son précepteur *l'Imitation de Jésus-Christ*.

Caricature de Golia (*Pasquino*, de Turin).

comédienne — après tout, n'en est-il qu'une? — qui a accepté la délicate fonction d'initiatrice des jeunes souverains et qui s'acquitte, avec un très réel talent, de cette fonction. Comédienne d'un esprit particulier, à laquelle sa spécialité valut le qualificatif de *boulevard des rois*, sans doute pour faire suite à celle qui, non moins célèbre, avait été baptisée par l'Europe entière, — *Napoléon III*

— Vignette du *Journal amusant* relative au séjour d'Alphonse XIII à Paris, pour une revue illustrée de l'année (décembre 1905).

regnante, — *le passage des Princes.* Bref, ce fut elle qui se chargea de faire perdre au descendant de Charles-Quint ce qu'il avait soigneusement gardé pour Paris. Comment la chose se fit-elle, un couplet de revue chanté, les yeux baissés, en rougissant fort, par une délicieuse comédienne, va nous l'apprendre :

> Il est vrai qu'un peu Nicodème
> Il fut gêné en commençant,
> Mais maint'nant, il opère lui-même
> Et ne fait plus du tout l'enfant.
> Sa Majesté, très dégourdie,
> Connaît ça sur le bout du doigt.
> Voilà ce qu'on fit voir au Roi,
> Voilà ce qu'on fit voir au Roi,
> Au jeune roi des Asturies !

A ce qu'on lui fit voir, Alphonse prit goût, paraît-il, beaucoup plus qu'aux casques pointus, beaucoup plus qu'aux défilés à la prussienne, si bien que, au retour, les caricaturistes exercèrent leur verve sur la

LES RÉJOUISSANCES DU SEIGNEUR LOUBET

— Pour vous, Majesté, je n'aurais pas pu trouver un plaisir plus digne...
— Peut-être aurai-je préféré quelque réjouissance au *Moulin-Rouge!*

Caricature de Cinirin (*Fischietto*, de Turin, 31 octobre 1905).

mine piteuse du pauvre souverain, atteint d'un mal aux cheveux cara-
biné.

Ah! si dans ces délicieux voyages à la conquête du... parfait
amour, il n'avait pas eu à ses côtés, pour le surveiller, papa Loubet et
oncle Édouard, comme il eût volontiers filé à l'anglaise!... dans le
Quartier latin! ou ailleurs... derrière les coulisses d'un grand Opéra...
à Paris ou à Vienne.

A Berlin, les caricaturistes se font un malin plaisir de le représenter
bâillant son ennui à bouche ouverte. Heureusement qu'en Allemagne,
pays faisant jadis partie de l'empire de Charles-Quint, le soleil se
couche, ce qui permet à notre joyeux « Phophonse » de suivre les
petites femmes dans les rues mal éclairées de Berlin... Oui, mais les
petites femmes de Berlin ça ne vaut pas celles de Paris, et puis, il y
a trop de pompe militaire, trop de décor officiel à la clef.

Royal chasseur — tout le monde, à Paris, voulut l'avoir [comme fusil de choix tant il s'entendait à abattre le gibier — *royal sportsman*,

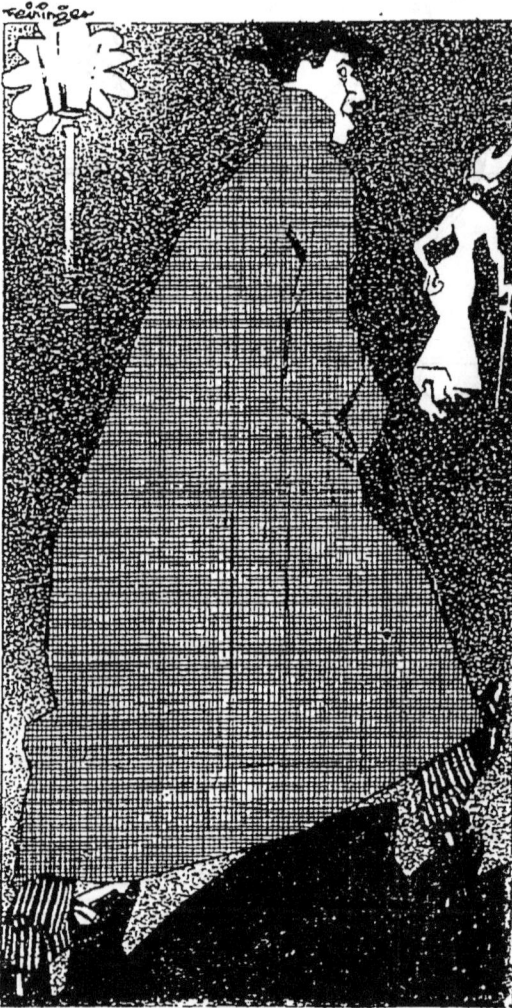

LE SOIR, APRÈS NEUF HEURES

Alphonse, l'héritier de Charles-Quint. — Dieu soit loué! en cette Allemagne, le soleil se couche au moins!

(*Ulk*, de Berlin, 10 novembre 1905.)

aimant à pratiquer loin de toute contrainte, dans l'historique château de la Granja, tous les exercices du corps, mais revenant sans cesse à son exercice de prédilection. *l'équitation*, et se livrant, alors, à des fantaisies, à des sauts d'obstacles, dignes des plus habiles écuyers de cirques — *royal chauffeur* — tenant de sa *royale* main le *royal* volant de son automobile *royale*, — *royal noceur*, promettant très facilement le mariage aux gentes divettes qui voulurent bien se charger de le divertir, — c'est ce que nous apprennent, du moins, les légendes de certaines compositions — le roi Alphonse XIII connut, un instant, les ivresses de la popularité, de cette popularité de bon garçonnisme dont on entourait, autrefois, le roi Édouard, alors que prince de Galles.

3

Sur ce thème général la caricature devait broder les amusantes images dont de nombreux spécimens se trouvent ici reproduits et qui donnèrent lieu à deux types :

I. — Alphonse XIII flirtant avec les demoiselles de l'Opéra et autres sœurs de bonne volonté ;

II. — Alphonse XIII visitant les Cours européennes, à la recherche d'une reine d'Espagne.

Le premier Alphonse appartenait de droit à Paris ; ce fut donc l'affaire des caricaturistes français.

Le second Alphonse devait être, plus particulièrement, le client des Cours du Nord, si bien que les dessinateurs allemands s'amusèrent à le croquer dans ses courses folles, et à donner les « pourtraits », plus ou moins ressemblants, des princesses de sens rassis et d'âge plus ou moins mûr, désireuses de devenir reines d'Espagne. Appelons-les, ainsi qu'elles se dénomment sur les amusantes cartes-album du *Simplicissimus* : princesse Euphemia, princesse Mabel, princesse Ellen. Berlin, Munich, Vienne — et même Londres, — principaux centres pour la fourniture des futures reines, tout y passa. Or, au jeune homme si gracieusement initié par Paris aux mystères de l'amour, il fallait une femme — il le criait lui-même sur tous les tons, — et les Cours européennes n'avaient

— Papa Loubet me chaperonnait tout le temps.

(*La Presse,* de Montréal, 7 avril 1906.)

IMAGES

DU JOUR

Les femmes
qui
désireraient
épouser
le petit roi
d'Espagne.

1. Princesse Ellen.

2. Princesse Euphe-
mia.

3. Princesse Mabel.

Vignettes de
O. Gulbransson.

(*Simplicissimus*, de
Munich, 1905.)

* On sait que plusieurs princesses s'étaient mises sur les rangs pour gagner, avec les bonnes grâces d'Alphonse, la couronne d'Espagne. On cita, notamment, Gabrielle-Marie-Thérèse d'Autriche; Victoria-Louise, fille de l'empereur d'Allemagne ; Patricia de Connaught, nièce d'Edouard VII. C'est à ces trois princesses que font allusion les « cartes photographiques » du *Simplicissimus.*

LE JUGEMENT DU NOUVEAU PARIS

— Alphonse est très perplexe quant à celle à qui offrir la pomme !

(*Ulk*, de Berlin, 1905.)

Les trois femmes que l'on perçoit de dos sont censées représenter, ainsi que l'indique le nom placé sur la partie la plus charnue de leur individu, Battenberg, Mecklembourg, Habsbourg.

pas sous la main de quoi répondre à ses goûts et à ses désirs.

Cette chasse à la femme — je veux dire à la reine d'Espagne — a été contée sous la forme comique et mirlitonesque par un journal du Canada, *La Presse*, de Montréal. Alphonse est censé envoyer par lettre le pittoresque récit de ses démarches à un confident intime :

« Ce qu'elle m'en a donné du tintouin, cette histoire-là, c'est pas croyable : il a fallu que je couraille toutes les Cours de l'Europe, à la recherche d'une belle-mère, et c'est rien qu'après un an d'embêtement de toutes sortes que j'ai fini par déterrer l'objet.

« Moi, vous savez, j'avais mon idée, et comme on voulait absolument me marier et que je ne suis pas bien riche, j'avais décidé de

faire comme Castellane et Marlborough, puis d'épouser une Améri-
caine, Mlle Pierpont-Morgan, ou autre chose (1) dans les mêmes numéros : c'est vrai que ces particulières-là sont, ni princesses, ni du-
chesses, mais quoi que ça peut bien ficher, je vous le demande un
peu? D'abord, qu'elles ont de la galette ; l'argent, c'est la noblesse
d'aujourd'hui, tout le monde sait ça ! ·

« Eh! bien, y a pas eu moyen : mes bouguiennes de parents n'ont
pas voulu en entendre parler ; alors, vous comprenez, a ben fallu me
rabattre sur des princesses.

« Quand j'ai vu ça, j'ai mis ma bougrine du dimanche, et je suis

---

(1) — « Autre chose », c'est-à-dire Alice Roosevelt dont il fut, un instant, sérieu-
sement question.

UN MARIAGE QUI BRANLE

— Eh bien, Majesté, laquelle choisissez-vous?
— Ah! ne m'en parlez pas!... Pour l'instant je choisis une automobile de 100 chevaux !

Caricature de Cinirin (*Fischietto*, de Turin, 1906).

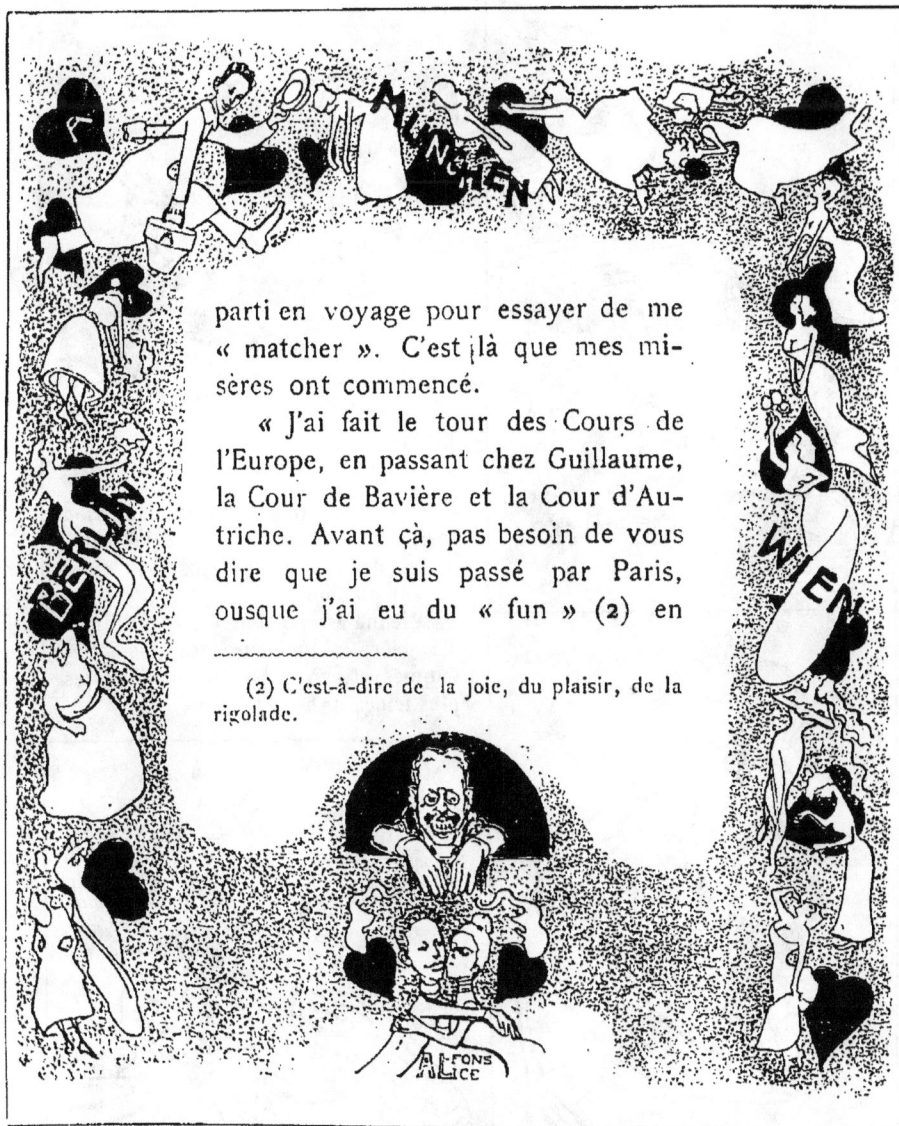

parti en voyage pour essayer de me « matcher ». C'est ¡là que mes misères ont commencé.

« J'ai fait le tour des Cours de l'Europe, en passant chez Guillaume, la Cour de Bavière et la Cour d'Autriche. Avant ça, pas besoin de vous dire que je suis passé par Paris, ousque j'ai eu du « fun » (2) en

_____

(2) C'est-à-dire de la joie, du plaisir, de la rigolade.

ALPHONSE CHERCHE A SE MARIER

— Berlin, Munich, Vienne. Conclusion : Alphonse et Alice (Roosevelt.

(*Der Floh*, de Vienne, 1905.)

LA CONFESSION D'ALPHONSE

— J'arrivais un matin à Vienne; mon cœur fit aussitôt tic-tac, et les cataractes des désirs les plus fous s'ouvrirent en moi.

— Vienne est pour moi un paradis. Il a la bière la meilleure, les plus jolies femmes et, en plus, les cavaliers les plus fringants.

LE JEUNE ALPHONSE A VIENNE

(*Wiener Caricaturen*, 26 novembre 1905.)

Cordialement je fus reçu et pas tout à fait spontanément : je serrai la main à bien des gens ; moi seul ne pouvais pas « me serrer ».

Une vieille duchesse caduque s'offrit ; mes lèvres frémissaient de dégoût. Je l'eus volontiers renvoyée aux côtes de feu Adam.

En moi-même je pensais : « Combien consumé est ce vieux cratère » et, cependant, mon bon bisaïeul but fameusement ses charmes.

Je me rendis à la Hofburg au galop, salué avec enthousiasme sur mon passage.

Je vis le port enchanteur des gracieuses Viennoises, et volontiers, j'eus changé le jour du Seigneur pour la nuit de la mariée.

Malheureusement, je ne me trouvais jamais en cette agréable situation, — car mes amis n'eurent qu'un seul souci : me procurer des journées bien remplies.

A Schönbrunn, au château impérial, brillent des petits clans de muses. J'y rencontrai le prince Ferdinand (de Bulgarie) qui me suivait de la longueur d'un nez...

Le petit jeu des vers me parut insipide, encore plus vide était le chant : j'écoutais la bouche ouverte et bâillais à me décrocher la mâchoire.

Je goûtais aux ballets où les petites dames agitaient fort leurs jambes — *parole d'honneur*, c'est avec celles-ci que je me trouvais, le plus volontiers, tout seul.

Quelle infernale et satanique engeance sont ces honnêtes petites mouches ; et de quel plaisir pour la vue n'est pas une lorgnette d'opéra !

A la chasse impériale j'abattis seul, de ma propre main, jusqu'à trois cents paires de volailles qui moururent paisiblement, pour la patrie, pour le trône et pour l'autel.

Bientôt Vienne me devint familier, quoique je n'y aie point trouvé ce que mon cœur désire si ardemment : une fiancée !

(*Wiener Caricaturen*, 26 novembre 1905.)

CHEZ LES BATTENBERG

— Un véritable mariage d'amour ne peut être conclu que dans la jeunesse, mesdames; c'est ce que nous voyons avec notre illustre ami et allié, Alphonse. Qu'il vive, qu'il vive !

(*Die Bombe*, de Vienne, Février 1906.)

· Et il a effectivement l'air de vivre toute la vie de la jeunesse, le jeune souverain ici attablé avec les Trois Grâces, et quelque peu affalé sur la table.

grand; malgré que ce crapaud de papa Loubet m'ait chaperonné tout le temps.

« C'est pas pour rien dire de trop, mais, dans le pays de Marianne, on s'embête pas; c'est autrement rigolo que dans les Cours allemandes ousque faut un tas de cérémonies à n'en plus finir.

« Malheureusement, j'ai pas
pu rester longtemps à Paris,
« business is business », vous
comprenez; c'est pourquoi j'ai
filé tout drette en Allemagne
ousqu'on m'avait dit que je
pouvais poigner un bon parti.

« Ben, pour vous parler
franchement, j'ai pas été bien
reçu.

L'AU REVOIR

Alphonse XIII. — Rue Dante...
Chouette! c'est dans le Quartier
latin!...

Henry Somm (*Le Rire*, 1905).

« D'abord; je suis arrivé
chez Guillaume qui était pas
de bonne humeur, ce jour-là,
rapport que ses affaires au
Maroc commençaient à de-
venir embrouillées : quand
je suis arrivé, il était en
train de faire tirer sa mous-
tache par un tireux de portraits.

« Mon apparition a paru
y faire un gros velours; tout
de même y a pas rechigné,

SIMPLE QUESTION

Alphonse XIII revêtu du costume d'officier de
la garde.

(*Les journaux.*)

Marianne. — C'est espagnol, cette casquette-
à?...

Croquis d'Henry Somm (*Le Rire*, 1905).

LE CŒUR DE PARIS

La Ville de Paris. — Ainsi, gentil cavalier Printemps, pour vaincre mon cœur, rien ne vous manque, pas même le péril!

Composition de Caran d'Ache (*Le Journal*, 1905).

y m'a offert un « coup », pis une pipe de tabac, pis on s'est mis à parler des affaires.

« Quoi que tu viens faire par icitte? — qu'y me demande comme ça, subito.

— Ben! mon bleu, c'est ben simple, c'est maman qui m'envoye me cri (1) une moiquié (2).

---

(1) *Mc cri*, vieux mot encore employé au Canada, en Prusse, — partout où se trouvent des restes d'émigration français, — pour « me chercher ».

(2) *Moiquié*, expression populaire du xviiiᵉ siècle, que l'on rencontre souvent chez Vadé.

— *La Vie parisienne* conduite par un royal chauffeur.

Croquis de Mich (*La Vie parisienne*, 9 décembre 1905.)

— Ah!

— Vous auriez-t'y pas quelque chose en stock qui pourrait faire mon affaire?

— J'ai rien qu'une petite princesse, la princesse Victoria-Louise?

— Quel âge qu'elle a?

— Treize ans.

— Ouais! ça fera pas mon affaire, je cré bien que je vas aller voir plus loin.

— Comme tu voudras, qu'y répond. Puisqu'y a pas moyen de faire des affaires, viens voir les soldats.

« Alors, on a été voir les soldats, y m'a servi rien qu'une petite parade de rien. Quand j'ai vu ça, j'ai compris que ça servait à rien de rester plus longtemps, et j'ai bougré mon camp.

« L'importance des revues, marches, c'est comme qui dirait le baromètre auquel on mesure, à Berlin, le degré de considération de Guillaume pour les étrangers qui vont y faire visite.

« Ce qui fait que j'ai pas moisi par là.

« Je suis allé ensuite à Munich, en Bavière, une place ousqu'y a de la tannante de bonne bière.

« Là encore, pas plus moyen de moyenner que chez Guillaume.

GALETTE DES ROIS

— Alphonse nous a avoué qu'en sa qualité de Majesté très catholique, il n'avait goûté, en fait de galette, qu'à... des pets de nonne.

Croquis de Th. Barn (*La Chronique Amusante*, 4 janvier 1906).

LES AMOUREUX DE MARIANNE

— Elle a de nombreux flirts dans la société européenne.

Croquis de Valverane.
(*La Chronique Amusante*, 1905).

« Il ne reste plus, dans les descendants du prince Luitpold qui gouverne la Bavière pour le roi Othon qui est détraqué, que des vieux pétards de princesse, dans les quarante et quelques printemps, sans compter les autres saisons. Aussi,

APRÈS EMMANUEL, ALPHONSE

— Ah ça! On n' va plus voir que des rois ici!... En voilà une République!...

Caricature de Gravelle (*Le Grelot*, 1er novembre 1903).

pas besoin de vous dire que j'ai pris le bord sur le temps des pommes.

« Enfin, à Vienne, j'ai pas eu plus de chance : là, j'ai été bien reçu, y avait des princesses en masse, parmi les arrière-petites-nièces du bonhomme François-Joseph. Mais, latiche! Si les princesses baveuses ont la couenne trop dure, on peut pas dire la même chose des princesses autrichiennes, rapport que c'est des Altesses qui portent encore des couches ; sous le respect que je vous dois, la plus vieille a

Visites Souveraines

Chansonnette comique

Paroles de Constant SACLÉ & F. TREWEY

Musique de F. TREWEY

Piano 3ᶠ   Pᵗ Format 7ᶠ

ROUGIER, Éditeur, 42, Rue Ordener, Paris

— Couverture dessinée par Saunier pour une chanson de café-concert. Trewey est le célèbre prestidigitateur, jongleur et ombromane qui, des années durant, fit les délices de Paris, de Londres et de l'Amérique.

trois ans : vous comprenez bien que ça servait à rien de se pousser, comme on dit. Aussi, j'ai décampé de là, au plus vite.

« Je vous cache pas que je commençais à être pas mal découragé quand v'là t'y pas qu'en arrivant par chez nous, je me « match » tout de suite avec une chouette Anglaise, qui est, ni plus ni moins, que la nièce du père Eddy.

« Elle s'appelle la princesse Victoire-Eugénie-Julie-Ena de Batemberge. C'est un chouette pétard, je vous en passe un papier.

« La première fois que je l'ai vue, je « kickais » un peu, vous comprenez, rapport qu'à venir jusque-là, les princesses anglaises, ça m'avait pas réussi, c'est effrayant. Mais maman était là qui me poussait et me criait : « Envoye donc fort. » — Alors moi, vous comprenez, j'ai envoyé fort et ça a mordu.

« Tout de même personne m'enlèvera de la caboche l'idée que c'était une affaire amanchée et que la petite princesse et ma future belle-mère étaient venues rôder dans les environs, avec des idées de derrière la tête. »

Ce qui se trouve exposé, de façon plus ou moins révérencieuse, dans cet article du journal canadien; les caricatures le présenteront sous une forme non moins comique, en images non moins irrévérencieuses.

A Paris, toutes les alcôves se fussent volontiers ouvertes devant ce grand jeune homme de dix-neuf ans qui charma toutes les femmes « par sa bonne grâce juvé-

— Comment Alphonse revint de sa course à la fiancée.

(*Neue Glühlichter*, de Vienne, 6 décembre 1905.)

LE ROI D'ESPAGNE A VIENNE

L'Empereur François-Joseph. — Oui, mon cher, n'est-ce pas que voilà une jolie collection d'archiduchesses pour faire son choix?

Le roi Alphonse. — Charmante! Et je suis certain qu'elles se trouveraient tout à fait chez elles dans mon pays. Elles doivent être habituées, dans leur monarchie, à ce que les choses aillent un peu à l'espagnole (1).

Caricature de Johann Braakensiek (*Weekblad voor Nederland*, d'Amsterdam, 1905).

(1) *Aller à l'espagnole* est une expression hollandaise 'pour qualifier les choses qui manquent quelque peu d'ordre.

nile et son entrain. » C'est du moins ce que répétèrent alors, à satiété, tous les échos mondains. Il avait beau avoir un teint de citron et la figure en casse-noisette, c'était un prince, un jeune conquérant, un Roi. Le Roi très catholique de toutes les Espagnes ; c'est-à-dire d'un pays allié, et qui, mieux est, d'une sœur latine.

Seconde édition de la russophilie aiguë qui avait poussé nombre de gentes dames dans les bras de l'amiral Avelan et des marins russes ;

4

MARCONIGRAMMES

— Les occupations d'Alphonse.

(*Fischietto*, de Turin, 1905.)

nouvelle édition — on ne saurait les compter toutes, depuis les cosaques de 1814 jusqu'au général Boulanger, de joyeuse mémoire, — de cet engouement, de cet emballement de la petite femme de Paris pour tout ce qui jouit du prestige de la jeunesse, de l'actualité, ou de la couronne.

Contribuer à l'éducation d'un prince, est-ce que cela ne fut pas toujours, pour elle, l'idéale mission et le plus doux des sacrifices? Et lui, quoique pas beau, certes, mais en réalité, bon jeune homme, n'avait-il pas ce qui charma toujours la femme : le geste, et le sourire large, oh! oui, large, et combien!

Le : *A quoi rêvent les Parisiennes! — A qui le mouchoir?* — du dessinateur Gosé, n'est pas une simple boutade, c'est bien l'expression de cet enthousiasme particulier qui se manifesta, alors, des Halles au faubourg Saint-Germain, pour le jeune adolescent venant demander aux femmes de Paris quelques leçons de galanterie.

Devant pareil accueil il ne voulut pas être en reste. Bouquetières et harengères furent, par lui, joyeusement embrassées, avec le même entrain que s'il s'était agi de quelque étoile rayonnante du grand ou du demi-

— Cela ira mieux l'année prochaine. Oh! quelle joie pour mon peuple!

(*Pasquino*, de Turin, 1905.)

monde. *A moi les Reines!* avait-il sans doute pensé, et il les eut toutes, depuis les Reines de la mode et de la haute galanterie, jusqu'aux Reines passagères, et plus modestes, de l'alimentation. En une spirituelle caricature, qui est un morceau de maître, Léandre lui suggère, par l'entremise de M. Loubet :

Allons! Sire, montrez-vous courageux une fois de plus; embrassez la vieille garde-barrière!

Léandre, lui, qui n'est pas un courtisan, le représente avec toutes ses tares physiques; — Weal, de même, dans son amusante série : *Mariage royal*, publiée par *La Vie de Paris*, un hebdomadaire qui, un instant, fit concurrence au *Cri*; — Abel Faivre, dans *Le Rire*, — lequel consacra au séjour à Paris, du jeune souverain, tout un numéro — a une page vraiment spirituelle : *La voiture de Sa Majesté est avancée*, et l'on voit

A BERLIN

— Quel temps peu favorable ce pauvre Loubet a eu à Madrid; nous avons eu une effroyable tempête.
— Eh! eh! c'est moi qui ai fait pleuvoir!

Caricature de Golia (*Pasquino*, de Turin, 1905).

UN ÉCHEC
DU PRINCE CHARMANT

— Que Votre Majesté prenne
gaiement la chose, en Espagne,
les vestes s'appellent des boléros.

Croquis de Métivet (*La Vie parisienne*, 29 juillet 1905).

*Roi du jour, Roi Char-
mant, Roi demi-vierge*, cette
dernière dénomination lui
ayant été donnée par un
auteur de revuettes en re-
nom !

L'enchantement perpé-
tuel ! L'éternelle romance
que la République roucoule
en faveur des rois !

Phophonse, *le Phophonse à sa mémère*,
comme l'appellera le *Kladderadatsch*,
de Berlin, descendant l'escalier de
l'Élysée, un cerceau à la main, pour
rejoindre la classique voiture aux chè-
vres qui l'attend en bas.

Mais Caran d'Ache, tout au contraire, éternel courtisan de la gloire,
admirateur respectueux du panache,
cherche à idéaliser — tâche peu facile
— le jeune monarque, le *gentil cavalier Printemps*, — suivant l'appellation
qu'il lui donne, — « qui sut si bien
vaincre le cœur de Paris ».

EN PRENANT CONGÉ

Le duc. — Quand aurons-nous le plaisir de
nous revoir à Rome ?
Alphonse. — Quand vous serez un peu
plus grand.

Caricature de Golia (*Pasquino*, de Turin).

A Paris, la fantaisie, l'éducation, plus ou moins sentimentale !

Dans les autres capitales européennes — Berlin, Munich, Vienne, Londres, — la froide raison, l'intérêt, la recherche de celle apte à répondre à ses projets matrimoniaux !

Combien différent l'accueil, et combien différentes, pour cette même raison, les images satiriques !

Pour le jeune Alphonse, grisé par l'accueil chaleureux de Paris, ce fut la ballade guindée et ennuyeuse; ce fut le four, la veste... espagnole. *Boléro de torrero !*

Les caricaturistes se firent un malin plaisir de le représenter, parcourant les Cours, comme d'autres parcourent les maisons d'illusions, à la recherche du merle blanc, et feuilletant, dans ce but, les albums des prin-

ENFIN, UN HABILE COUP D'ÉCHECS, ALLEMAND,
OU LE BON TON TUDESQUE

— Pour paralyser les effets de la visite en Angleterre, un objet de choix a été envoyé à l'adresse du futur prince des Asturies. Alphonse a reçu l'objet en uniforme de chasse de la Cour.

(*Kladderadatsch*, de Berlin, 21 avril 1907.)

— Le valet annonçant : Madame est servie!!

Caricature de Weal (*La Vie de Paris*, Juin 1906).

Page-couverture de la publication consacrée par ce dessinateur au mariage d'Alphonse XIII, orthographiée par lui, on ne sait trop pourquoi, *marriage* et dont plusieurs compositions se trouvent ici reproduites. (Voir plus loin, page 39, et dans la série des grandes images.)

BUSINESS (AFFAIRES)
(Conversion d'une princesse anglaise au catholicisme.)

Chamberlain. — All right! tout à fait anglais!

Composition de J. Linse (*Nederlandsche Spectator*, de La Haye, 1906).

cesses à placer. Il y a, dans cet esprit, une page tout à fait sug-
gestive du maître dessinateur hollandais, Braakensiek : *le Roi
d'Espagne à Vienne*, laquelle, — ici reproduite, du reste, — représente Alphonse tournant les pages de cette galerie photographique
sous l'œil bienveillant et paterne de François-Joseph — le Habsbourg
qui voudrait bien pouvoir, une fois encore, placer une princesse
de sang autrichien, à ce Bourbon, déjà fils d'une archiduchesse
d'Autriche.

Illustrés ou non, sérieux ou satiriques, les journaux lui donnent
des princesses à la douzaine; *Simplicissimus* le représentera en mahométan : « seul moyen pratique pour qu'il puisse répondre aux décla-
rations enflammées qui lui viennent de tous les côtés ».

MARIAGES PLUS OU MOINS HEUREUX
(*Fischietto*, de Turin, 7 mai 1906.)

Mais le fameux merle blanc, la femme désirée, n'arrive pas assez vite à son gré. Alors *Pasquino*, de Turin, le plante en enfant gâté, criant à tue-tête : *voglio una regina*, tout comme la Norvège demandait un roi ; ou bien, piteux, affalé, s'ennuyant royalement, son royal sceptre en main,

en guise de douce et fidèle compagne.

Quand il arrive à Berlin, changement de décor! Plus de figures souriantes, plus de petites femmes, mais de la pompe, de la mise en scène ; des militaires, comme s'il en pleuvait : fantassins et cavaliers, grenadiers et cuirassiers. Les satiristes allemands se contentent de donner de lui des portraits-charge, poussés au noir — on ne voit dans leurs journaux que des Alphonse ayant *mal aux cheveux* ou *la g... de bois*, suite des grandes fêtes avec les petites femmes de Paris, — les satiristes italiens le ridiculisent encore plus, en le représentant, bâillant ferme, devant Guillaume qui, majestueux, correct, impeccable, les moustaches en croc, le regarde d'un air de mépris ou, tout au moins, de pitié non déguisée.

Quantité négligeable, ce petit roi latin qui, du saint Empire, n'a même pas su conserver l'éclat extérieur! Si vous voulez voir en quelle médiocre estime on le

JOURS DE BONHEUR
— Atteindra-t-elle jusqu'à lui?
(*Pasquino*, de Turin, 1906.)

VOYAGE DE NOCES

— La première panne.

Caricature de Weal (*L'Album de la Vie de Paris*, 15 juin 1906).

tient, le *Kladderadatsch* vous fournira, en 1907, un échantillon typique
de l'irrespect qu'on a pour lui ; l'image le représente en costume de
chasse, recevant l'envoi qui lui a été fait de Berlin pour la naissance
de son fils, le prince des Asturies, et la caisse ouverte laisse voir un
magnifique vase de nuit, aux armes impériales.

En réalité, c'est, entouré de caricatures, — la plus amusante étant
certainement celle qui représente la *Pariserplatz* ornée, en guise de
pommes de pin, d'œufs à la coque, souvenir de Christophe Colomb, —
que le jeune colonel allemand fait son entrée à Berlin. Eut-il lieu d'en
être plus satisfait autrement, je ne le pense pas, car la chronique rapporte que, durant tout le temps de son séjour, l'Empereur ne cessa

d'avoir les yeux sur lui, l'inspectant des pieds à la tête. Il a été conté,
à ce propos, une histoire qui se trouve avoir ici sa place tout indiquée.
J'en emprunte le texte à un grand quotidien, *Le Matin :*

« L'Empereur attend don Alphonse à Berlin, pour passer une
revue. La porte s'ouvre : le jeune monarque s'avance dans le salon
impérial, revêtu du magnifique uniforme de cuirassier blanc qu'il porte
comme colonel honoraire du régiment, autrefois offert à son père, lors
du fameux voyage d'Alphonse XII à Strasbourg.

« Guillaume se précipite, les mains tendues; mais, tout à coup, il
s'arrête : il vient d'apercevoir une longue tache grise (thé? café? bouil-
lon?) maculant la délicate étoffe, du côté gauche, en dessous des déco-

HYMÉNÉE ESPAGNOL

— Le cardinal Sancha a béni la couche royale pour en chasser l'esprit d'impureté et
pour réprimer tout germe des ardeurs trop excessives de la concupiscence et de la
volupté.
L'avenir de l'Espagne ne repose nullement entre les mains de Dieu... mais bien plutôt
entre les mains *bombardatrices !*

Caricature de Cinirin (*Fischietto*, de Turin, 2 mai 1906).

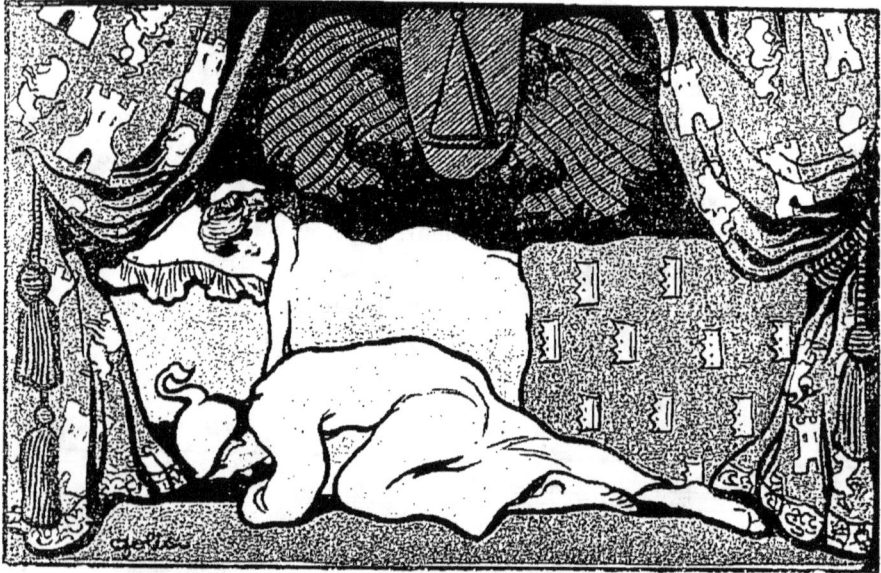

NOCES ESPAGNOLES

« Bénie avec un solennel cérémonial, l'alcôve
royale saura bien maîtriser l'esprit de concupiscence et de volupté. »

— Que fais-tu, Alphonse ?
— Je regarde si par hasard, il n'en serait pas resté une ! [*]

Caricature de Golia (*Pasquino*, de Turin, Mai 1906).

[*] Une, c'est-à-dire « une *bombe* ». Les armoiries d'Espagne qui sèment la draperie du fond se
trouvent, comme on le voit, transformées en un éteignoir.

rations, qui l'ont cachée au roi. Que faire ? Tout le monde est prêt ;
l'impératrice est là, avec les princesses et les princes... Le départ
sonne avant qu'ait pu avoir lieu le bref aparté qui eût permis de tout
réparer sans éclat.

« Voici que le roi s'incline devant son hôte :
— Sire, dit-il, votre colonel est à vos ordres. »

« L'Empereur prend son parti, et, du ton mi-sérieux, mi-jovial,
d'un chef militaire *bon garçon* :

Le roi Alphonse. — Ma chère Ena, soyez sans crainte, je suis un véritable coq d'Espagne.
Ena. — Vous le dites tous... pour ensorceler, et puis après???

(*Pasquino*, de Turin, 1906.)

— Mon colonel? Il a de la chance d'être roi d'Espagne, mon colonel!... claironne-t-il, en semblant prendre toute l'assistance à témoin. »

« Surpris, l'autre fronce le sourcil :

« Sans doute, dit-il, en se cabrant, j'ai de la chance d'être roi d'Espagne; mais pourquoi me le dites-vous, en ce moment?

— Parce que, reprend l'Empereur en lui tapant sur l'épaule, parce que, sans cela, je vous mettrais aux arrêts... à cause de la tache de votre uniforme! »

« Le roi *caballero* pâlit, serre les lèvres, regarde avec dépit la souillure ridicule, et, tout à coup, se redresse avec un sourire goguenard, — car il a trouvé dans son ascendance française la « pointe » impertinente qui le vengera de la raillerie un peu lourde du Teuton :

« Voilà ce que c'est, réplique-t-il, de n'avoir pas gardé *mon véritable uniforme*... qui est celui de général espagnol. »

« Eh bien, le croiriez-vous? disait l'Empereur en contant l'anecdote à un confident d'occasion : depuis ce jour, nous ne sommes plus tout à fait bien ensemble. »

Le furent-ils jamais? Cela me paraît peu probable.

Entre ce Don Quichotte, chevalier errant de l'amour, et l'empereur allemand, quels points de contact pouvaient exister!

Fini, bien fini, l'empire de Charles-Quint!

Et Alphonse, selon le mot d'un vaudevilliste berlinois, ne fut pour les Allemands qu'un *bon jeune homme venant chercher femme et écus après avoir été faire l'amour chez Marianne.*

Nous avions eu *Trois femmes pour un mari*, on vit — du moins c'est le dessinateur Weal qui nous en donne l'esquisse, — *trois princesses pour le royal chapon d'Espagne.*

La vérité est que, repoussé par la princesse Patricia de Connaught, Alphonse finit par être agréé par la princesse Victoria-Ena de Battenberg, après avoir vainement essayé de tirer autre chose à la cible de l'Hymen.

Ena! Ena! mieux qu'une femme, un trésor!

Ils devaient s'aimer, ils s'aimèrent; ce qui procura à l'imagerie l'occasion de donner de nouvelles interprétations du célèbre : *Enfin, seuls!*

Il y a sur la *fromme Hel-Ena de Battenberg*,

— Comme il est beau le petit prince voué au Souverain Pontife.
— Oh! tout à fait son parrain.

Caricature de Golia (*Pasquino*. de Tur n).

pour faire pendant à *die fromme Helena*, du génial Wilhelm Busch, — histoire en images, célèbre entre toutes, — une page du *Kladdera-datsch*, ici reproduite, et véritablement amusante. La sage et pieuse Hélène, tenant en main les liturgies de l'Église anglicane, ne veut pas céder à la tentation romaine; mais à côté de la tiare pontificale, se trouve une bouteille de *bitter espagnol* qui exerce sur elle une sin-gulière attirance. Elle finit même par se laisser prendre à ce bitter : *bitter alphonsien*, au goulot tout à fait suggestif, car ce sont des lèvres qui appellent, si ce n'est le baiser, du moins la succion. Et tandis que, toute résistance étant vaine, elle s'in-gurgite ainsi son Alphonse, Édouard appa-raît dans un rayonne-ment, pour bénir cette union d'un nouveau genre.

Sous une forme caricaturale, le dessi-nateur n'a fait que traduire la réalité, car ce mariage fut avant tout, on le sait, l'œu-vre du roi d'Angle-terre, rêvant, par ainsi, tout un plan de régénération espa-gnole.

Mariage dynasti-que qui semble avoir répondu, en même temps, à une mutuelle et très réelle sym-pathie; cette dernière, sans doute, ayant dû

L'ANNÉE POLITIQUE N° 7

Le plus jeune Colonel d'Espagne.

Carte postale faisant partie d'une série.

IDYLLE HISPANO-ANGLAISE

Le roi Alphonse (au roi Édouard). — Et qu'est-ce que vous dites de cette frimousse ?
Le roi Édouard. — Ravissante. Je l'aime comme si c'était un petit Anglais !

Composition de Johann Braakensiek (*Weekblad voor Nederland*, d'Amsterdam, 1907).

venir par la suite. Noces espagnoles consacrées, ainsi que la visite à Paris, par le baptême des bombes anarchistes ; noces mouvementées qu'explique cette caricature du *Pasquino* où l'on voit Alphonse regardant sous le lit, tandis que, sous l'image, se trouve cette légende :

« — Qu'est-ce que tu fais, Alphonse?

« — Je regarde si, par hasard, il n'en serait pas resté une ! »

Union qui donna lieu à de nombreuses images empreintes, tantôt d'une sage philosophie, tantôt d'appréciations particulièrement sarcastiques, par suite de l'acte d'abjuration demandé à la fiancée conformément à la Constitution espagnole.

« Changement de chemise », ainsi que le porte un dessin du *Ulk*,

APRÈS LES JOURS TROUBLÉS

— Je t'en prie, chère femme, cache soigneusement mon linge aux regards de l'enfant, afin qu'il ne prenne pas mauvaise opinion de son père.

(*Wiener Caricaturen,* 15 août 1909.)

alors que, dans le même esprit, le *Nebelspalter,* de Zurich, représentera Ena de Battenberg se disant : « Je suis tout de même curieuse de savoir si Madrid vaut ce changement de chemise. »

LE PORTRAIT TROUVÉ DANS LA MALLE

La maman. — Alphonse, gamin, polisson! — est-ce que grand-papa Loubet, là aussi, était avec toi?

(*Ulk*, de Berlin. 7 juillet 1905.)

Interprétation, modernisée par l'image, du mot classique de Henri IV, mais le roi galant homme ne se posait pas la question, lui; il l'avait résolue d'emblée, affirmant : *Paris vaut bien une messe!*

Tout naturellement, ce mariage avec une protestante, quoique

5

— S. M. Alphonse XIII, roi d'Espagne, quittant les usines de l'avenue d'Ivry sur sa Panhard-Levassor, conduite par le chevalier René de Knyff (1906).

* Est-il besoin de faire remarquer que cette image n'est qu'une vulgaire réclame pour les constructeurs ?

ALPHONSE XIII

Caricature-statuette, en plâtre, par César Giris.

déprotestantisée, devait amener certaines comparaisons rétrospectives sur l'attitude du souverain dans la question de l'église protestante de Barcelone, fermée par ordre, en 1905. « Alphonse le XIIIe », dira le *Nebelspalter*, « ne veut supporter aucun protestant sur terre espagnole, mais cela ne l'empêche pas d'épouser une de leurs princesses, » à ces hérétiques maudits.

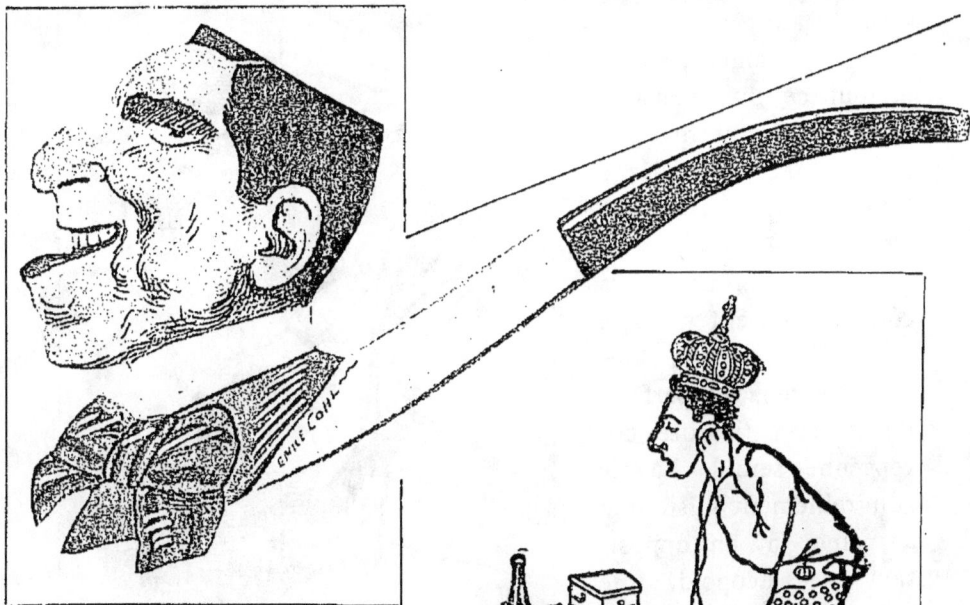

— Alphonse XIII en pipe.
Terre cuite d'Emile Cohl.

Lutte entre l'esprit de réforme et l'esprit de réaction cléricale que certaines compositions humoristiques laissent entrevoir clairement. Telle l'image du *Fischietto* : *Hyménée espagnol*, qui représente un jésuite chas-

Allô! Allô!!

« Envoyez-moi donc un flacon de *Sirop des Vosges* pour ma p'tite femme horriblement grippée »

Il n'y a que ça pour guérir sa toux. »
Le Sirop des Vosges CAZÉ *en fortifiant* vos bronches, *infailliblement guérira votre toux* supprimera vos oppressions.
Toutes Pharmac s, 2 fr. et 3 fr. le flacon.

— Type de publicité dans la presse quotidienne, avec Alphonse XIII.

sant de la couche royale, à coups de goupillon, *les esprits impurs,* et *les ardeurs trop violentes de la concupiscence et de la volupté.*

Mais, malgré jésuites et tout ce qui s'ensuit, ce devait être un mariage heureux et un mariage fécond ; donc l'hymen idéal !

Ce côté d'intimité, ce côté de bon petit ménage bourgeois coulant des jours heureux, en parfaite union, la caricature européenne semble l'avoir admirablement saisi. Il y a même, là, en opposition avec Léopold, une note familiale qui donne aux compositions sur Alphonse une très particulière allure.

Si c'est un esprit d'amère satire qui prédomine sur l'image du *Kladderadatsch* — Alphonse présentant à ses peuples, ou plutôt aux représentants de la presse, l'héritier de la couronne, le prince des Asturies, aux prénoms multiples et jé-

ALPHONSE A PARIS

— Je dois l'avouer, l'homme qui a trouvé la poudre m'est de plus en plus antipathique.

(*Lustige Blätter*, de Berlin, 1905.)

* Caricature de Stern, publiée au moment de l'attentat anarchiste de Paris. Sur le haut du képi royal est une mèche de bombe.

LE PETIT ALPHONSE A SA MÉMÈRE

suitiques, — partout ailleurs, se fait remarquer la note de la douce sentimentalité, de l'idylle réalisée.

Ménage royal, aux pieds du berceau; Alphonse admirant son héritier sur les bras de la nourrice, — *quel bel enfant! tout à fait son parrain!* (et son parrain, c'est le pape); — Alphonse portant, étendu sur les bras, son nouvel héritier, — telle une nourrice experte; — petites vignettes tout indiquées pour répondre à cette préoccupation constante de... paternité idéale.

Combien lointaine, déjà, l'époque dont il vient d'être question, où Alphonse faisait ses fredaines à Paris et où la reine mère, la terrible maman, trouvait dans la malle du jeune souverain des

Caricature de G. Brandt pour la série : *Nos Contemporains* (*Kladderadatsch,* de Berlin, 9 juillet 1905).

photographies de... danseuses! — Voir l'amusante image du *Ulk*.

O Alphonse! mauvais sujet!

C'est en plein l'hymen heureux, et c'est toujours la lune de miel, voire même l'idylle anglo-espagnole, puisque, sur plus d'une composition, l'on verra apparaître Édouard, le bon *nononcle*.

Ceci nous amène tout naturellement au côté plus spécial de la publicité, côté qui, jadis, ne se présentait qu'exceptionnellement, et qui, maintenant, est devenu une section indispensable à toute iconographie de marque.

Cette recherche de la femme, ce bonheur complet au sein de l'atmosphère familiale, ne devaient cependant pas détourner le jeune roi de sa passion pour l'automobile; — passion telle qu'un instant il fut sur le point d'abandonner sa course folle à la recherche de l'idéale fiancée, pour les charmes de la course folle à travers l'espace, sur des cent chevaux... sans cheval.

Or de même qu'il y a, de par essence, des *rois de cartes*, de même il est des *rois d'automobile*, si l'on peut s'exprimer ainsi, et Alphonse, *chauffeur royal*, fut de ceux que l'on devait rechercher pour trôner sur une Panhard ou sur ces *Unic* qui, à la grande joie des badauds, toujours intéressés aux manifestations pittoresques de la rue, ont promené sur les murailles et aux devantures de Paris, toutes les têtes couronnées... dans le mouvement.

Et ces rois... *de cartes*, ou *d'automobile*, se trouvent être, par excellence, des rois de publicité; je veux dire des souverains plus particulièrement recherchés par certaines spécialités — qu'il s'agisse de bretelles, de chaussures, — l'*Incroyable* le fera figurer aux côtés de Rochefort et d'Édouard — de chapeaux, — il sera pour Delion une royale figurine — de bars ou de débits de café, — voir l'image de la page suivante — ou même de produits pharmaceutiques : tels le goudron de sapin — aujourd'hui que l'emploi, que l'usage des visages connus, dans un but de réclame commerciale, est admis de plein droit et quotidiennement employé.

Un marchand de timbres-poste prendra notre Alphonse et le mettra en pied sur son annonce, se servant de lui pour attirer l'attention de sa clientèle sur un timbre à l'effigie de la reine Isabelle.

— Réduction d'une amusante affiche-réclame de M°

eumont placardée, en 1909, sur les murs de Paris.

Une spécialité, le *sirop de Derbecq* qu'un journal médical à caricatures *Le Rictus* s'est complu à illustrer, le prendra, avec la jeune reine de Hollande, pour une amusante image, à la légende significative : SOUVERAIN REMÈDE DES PETITS SOUVERAINS COQUELUCHEUX.

Un fabricant de biberons le transformera en nourrice, pour vanter l'excellence de ses produits.

Un fabricant de cuirs le revêtira d'une superbe culotte de peau... d'Espagne.

Un tailleur, *Bristol-Tailor*, le fera figurer sur son catalogue, au-dessus d'une réclame pour un pardessus anglais, à 60 ou 90 francs.

Et je ne parle pas de tous ceux qui, comme le *High-Life-Tailor*, ont fait figurer sa royale personne, à leur devanture, sur un de ces cadres de publicité illustrée — tableau mouvant — devenus aujourd'hui d'usage fréquent, tout en se spécialisant dans l'industrie du vêtement.

Combien d'Alphonse se montrèrent ainsi dans Paris, avec ce nez, avec cette lèvre, avec ce menton qui, à force d'exagération, à force d'*outrancisme*, sont arrivés à faire du jeune souverain, la plus amusante figure de polichinelle qui soit.

Et c'est qu'en réalité il n'est pas ordinaire, point banal, ce *faciès* d'Alphonse, dont j'ai déjà esquissé les grandes lignes, et sur lequel il ne sera peut-être pas inutile de revenir à nouveau.

Masque large de profil, très étroit de face, tout en longueur, et quelle lon-

ALPHONSE XIII

— Vignette pour le catalogue des nouveautés de *Bristol-Tailor*.

ERREUR PARDONNABLE

Princesse Ena de Battenberg. — Je vous prie humblement, très Saint-Père, de me recevoir dans le giron de la seule et très sainte Église catholique, afin que je puisse épouser l'élu de mon cœur.

Pie X. — Il serait alors préférable, ce me semble, que Votre Altesse se convertisse au judaïsme !

(*Neue Glühlichter*, de Vienne, 14 février 1906.)

* Caricature faisant allusion au nez remarquablement judaïque d'Alphonse XIII.

gueur ! Immense mâchoire — mâchoire de condottière, d'avaleur de royaumes — amère ironie du destin ! — et un dentier, quel dentier ! Des touches de piano qui, facilement, pourraient servir de réclame à un facteur... d'instruments de musique.

Sur le nez et sur les lèvres, pas besoin de revenir, ce me semble ! Si je le fais, ce sera uniquement pour constater que la lèvre inférieure a de telles avancées qu'elle rejoint en longueur l'appendice nasal.

Tout cela osseux, anguleux, monté sur un véritable cou de cigogne, lequel semble imparfaitement attaché, tant il brelanche dans tous les sens. Un échalas agrémenté d'une tête pour faire peur aux moineaux !

Et toute cette physionomie suant, dans son ensemble, l'ennui, l'hébétement — la tristesse de l'Escurial, a-t-on dit non sans raison, — a un je ne sais quoi qui rappelle le type de Philippe IV.

Enfin, dernière remarque, le nez énorme, véritable excroissance montagneuse, est, — chose vraiment désagréable pour un souverain très catholique, — nez judaïque bien plus que nez bourbonien.

Ceci, deux images l'ont excellemment fait ressortir.

Ici, c'est le Saint-Père répondant à Ena de Battenberg qui demande à être reçue dans le sein de l'Église apostolique et romaine, pour pouvoir épouser le préféré de son cœur :

« Mieux vaudrait, dans ce cas, Excellence, embrasser la religion juive. »

Là, ce sera la belle composition des *Lustige Blätter*; Berlinois, à Madrid, qui, voyant passer un général à cheval, en grande tenue, et orné d'un très grand nez, ne peuvent résister au plaisir de dire aux Espagnols qui les entourent : « Tout de même, ici, en Espagne, vous êtes plus tolérants qu'en Prusse! Voici un officier juif — Dieu sait combien! — qui se promène ostensiblement. » Ce à quoi les Espagnols répondent : — « Que voulez-vous? C'est notre Roi! »

Salut, don Quichotte! car, enfin, il n'y a pas que du Philippe IV sur cette étrange physionomie, et l'on peut être surpris qu'un ou deux caricaturistes à peine, aient songé au rapprochement, tout indiqué cependant, avec le célèbre hidalgo national!

Le Cri de Paris y a songé, lui, en une composition où, tendant la main au nouveau Don Quichotte royal, Loubet lui dit avec un malin sourire : « Et votre âne? »

Quant aux autres images que l'on verra figurer ici — vignettes du *Fischietto*, de Turin, ou du *Jugend*, de Munich, — ce ne sont que simples traits de plume, petits croquis fantaisistes faits pour prendre place dans des revues d'actualités comiques.

Notons, toutefois, que le *High-Life-Tailor* a tenu à donner sa note dans le concert *Don-quichottien* et que sa *Galerie des célébrités contemporaines* vit un Alphonse revêtu de cuissards et d'une cuirasse, porté sur un Maure cornu — taureau humain — se soulever sur ses étriers et saluer la foule d'un geste large — tel don Carlos devant le tombeau de Charlemagne, sur la scène du Théâtre-Français, — sa royale couronne faisant office de toque à plumes.

Au-dessous se lisaient ces vers dont je me plais à reconnaître les excellentes intentions :

> Espagne qui, jadis, fus l'arbitre du monde,
> Pour prix de tes revers, puisse enfin le Destin
> Te rendre ta grandeur en une ère féconde,
> Et faire que ton Roi devienne un Charles-Quint.

Mais, en vérité, ce serait peut-être beaucoup demander.

Et, pour ma part, je n'hésite pas à déclarer que le dessinateur Robert Lewis s'est rapproché bien plus de la triste réalité des choses sur la carte postale où, représentant le jeune souverain affublé de la couronne et du manteau impérial sous lesquels on a peine à le retrouver, il a placé ce cri de détresse :

« Au secours, Charles-Quint, au secours ! »

Mais Charles-Quint, lui, est mort à jamais, si bien que la parole est à ces cartes postales, multiples, à ces figurines de toutes sortes, — signées César Giris ou autres, — à ces pipes que s'amuse à sculpter non sans talent, Émile Cohl, — à ces marrons étrangement bossués, à ces cendriers, à ces porte-allumettes — objets divers et toujours amusants — sur lesquels se lisent d'irrévérencieuses légendes :

Poupée espagnole ayant besoin d'être réparée; — *Alphonse XIII « le Gosse »;* — *Alphonse XIII, roi des nouveau-nés d'Espagne et des femmes des Halles de Paris.*

PRÉDICTIONS POUR L'ANNÉE 1906

— Le roi d'Espagne se fera mahométan
afin de pouvoir épouser toutes les princesses
que la presse allemande lui a gracieusement octroyées.

(*Simplicissimus*, de Munich, 1905.)

POUPÉE ESPAGNOLE
CETTE POUPÉE AYANT   BESOIN D'ÊTRE
REGARDÉE N'EST   EXPOSÉE QU'A
TITRE DE CURIOSITÉ

— Carte postale d'après la lithographie d'Orens (grandeur de l'original) 1902.

RÉDUCTIONS DE CARTES POSTALES

1. Carte d'Espinasse, pour une série sur les timbres-poste (1902). —
2 et 4. Cartes d'Orens (1905), la seconde, gravée pour la série Le Burin
satirique. — 3. Carte de G. Lion pour une série sur les souverains.

AUTOUR DE LA TOISON D'OR

Accrochez la moi là, sire, c'est la seule place qui ne soit pas décorée !

1. Carte postale d'Orens, gravée pour la série *Le Burin satirique* (1905).
2. Carte postale de Robert Lewis (Alphonse décorant Crozier) 1902.

Au secours, Charles Quint, au secours!

La Semaine Politique Satirique   Année 1906

22ème Semaine

Ma chère Victoria tu vois ce brave Emile a pensé à nous!!

1. Carte postale de Robert Lewis (1902).
2. Carte postale populaire faisant partie d'une suite publiée par L. Fleury (1906).

RÉDUCTION DE CARTES POSTALES

1. Moloch, pour sa série sur les souverains. — 2. Orens, carte d'actualité (1905). — 3. Carte populaire lors du voyage à Paris. — 4. Carte pour une série sur les souverains et leurs armoiries.

Carte postale dessinée et coloriée par Bobb.

Série *La Flèche*, tirée à 50 exemplaires (E. Louvet, éditeur).

— Carte postale de A. Molynk, publiée en 1905, sans légende.

(Grandeur de l'original.)

— A propos des fêtes en l'honneur d'Alphonse XIII. Le « Jacques Bonhomme » portugais lui souhaite des heures heureuses.   (*O Seculo*, de Lisbonne, 8 déc. 1903.)

DIALOGUE OLYMPIQUE

— Ah! il est certainement plus agréable d'être roi d'Angleterre que d'Espagne!... on peut, au moins, filer à l'anglaise.

Caricature de Golia (*Pasquino,* 12 août 1906).

Les Caricatures politiques

jusqu'à la Révolution de Barcelone.

LE SOUVERAIN HOMME D'ÉTAT. — LA GUERRE AVEC LES ÉTATS-UNIS POUR CUBA. — POLITIQUE INTÉRIEURE : ALPHONSE ET LES JÉSUITES. — UN BOURBON LIBÉRAL. — ALPHONSE ET ÉDOUARD VII. — LES TROIS GRACES ET LES TROIS GRAS. — LE MAROC. — LES BOMBES ANARCHISTES.

Nous venons de voir le souverain intime, le souverain s'émancipant, abandonnant les jupes de sa mère pour chercher à travers l'Europe, femme et. . autre chose.

Demandons à la caricature de nous présenter le souverain homme d'État. le souverain politique.

A vrai dire, le rôle de ce dernier fut, jusqu'en ces derniers temps, assez borné... d'abord parce que plusieurs graves événements, telle la guerre avec les États-Unis, se produisirent en sa prime jeunesse, et que c'est la reine régente qui dut en assumer toute la responsabi-

NOUVEL AN

— « Quand l'enfant entre ! » — *Le Tsar.* Qu'on le fouille, d'abord ! — *François-Joseph.* Elles ne sont pas empoisonnées, au moins, ces fleurs ? — *Alphonse.* Oh ! Quel gentil bambin, il ressemble à l'Amour. — *Edouard.* C'est toujours gentil, quand c'est petit ! — *Les autres.* Qu'est-ce qu'il va bien nous apporter ? »

Composition de Johann Braakensiek (*Weekblad voor Nederland*, d'Amsterdam, 31 décembre 1905).

lité, — ensuite, parce que, un peu isolée en sa presqu'île, à la façon de l'Angleterre, l'Espagne ne joue généralement plus qu'un rôle secondaire dans la politique contemporaine.

Il faudra les affaires du Maroc pour la mettre en évidence, au premier rang du concert européen, et encore ce premier rang ne viendra-t-il que bien après la France !

Mais quant au roi de toutes les Espagnes, s'il est appelé à prendre place, personnellement, aux côtés de ses pairs, fidèles alliés et cousins, Empereurs ou Rois, la caricature ne se fait point faute, alors, de le traiter un peu comme ces personnages de second plan qu'on qualifie traditionnellement au théâtre : *et autres nobles seigneurs de moindre importance.*

. Après tout, n'est-il pas le petit roi, le plus jeune de la famille monarchique, *le Jeune Premier*, — ce qui lui vaudra, quelquefois, l'avantage de personnifier parmi cette assemblée de conducteurs de peuples, d'âge déjà rassis, l'adolescence et l'amour !

Depuis, il est vrai, — ainsi le veut l'humaine loi, — il montera en grade, mais entre le nouveau roi imberbe — *berbe, berbe* qui s'avance ; — lisez Manoël II de Portugal, — et Alphonse XIII, il y a toute la différence qui sépare l'Espagne du Portugal, — l'Espagne détenant à elle seule les trois quarts, au moins, de la péninsule ibérique, alors que le Portugal produit l'effet d'une étroite bande de terrain, d'une sorte d'enclave sur terre étrangère.

Ce n'est plus, actuellement, que se pourrait répéter le petit jeu qu'un dessinateur des *Lustige Blätter,* de Berlin, s'était amusé, un jour, à traduire si spirituellement, en montrant combien entre l'Espagne et le Portugal, les proportions étaient renversées, suivant que l'on prenait pour point de comparaison, la carte, la configuration, l'extension du sol, ou les souverains de chacun des deux pays.

Et l'on voyait, ainsi, le gros Carlos ne pas avoir de trop de toute l'Espagne, pour étendre sa corpulence, alors que le petit Alphonse se blottissait fort bien en territoire portugais.

PROPORTIONS RENVERSÉES

— La carte de l'Espagne et du Portugal apparaît graphiquement comme ci-haut, — mais les rois d'Espagne et de Portugal apparaissent comme ci-bas.

(*Lustige Blätter,* de Berlin, 18 avril 1906.)

L'ESPAGNE, CUBA ET JOHN BULL

Figaro (à la reine régente d'Espagne). — Que pensez-vous de l'offre d'Oncle Sam,
Madame? — L'honneur de l'Espagne, dites-vous! — Mais ce trésor misérable, c'est-
à-dire ce coffre vide, est-il plus honorable?

Caricature de Johann Braakensiek (*Weekblad voor Nederland*, d'Amsterdam,
27 octobre 1895).

* Allusion à une offre d'achat de Cuba qui aurait été faite, alors, par les États-Unis. Le jeune
Alphonse XIII plonge au moyen d'une longue-vue dans les profondeurs secrètes du Trésor public.

Entrons plus avant dans l'histoire de la monarchie espagnole contemporaine et de son monarque.

Le premier grave événement qui se présente, ai-je dit, c'est la
guerre avec l'Amérique.

Guerre entre l'Espagne et les États-Unis pour la possession de
Cuba; — guerre du passé contre l'avenir, dont l'issue ne fit pas doute
un seul instant; — guerre qui donna lieu à une imagerie abondante, qui,

APRÈS LA MORT DE MACEO

Le général Weyler (présentant la tête de Maceo).
La reine régente. — Ne t'effraye pas, mon fils! Canovas dit que c'est le commencement de la fin.

Caricature de Johann Braakensiek (*Weekblad voor Nederland*, d'Amsterdam, 1896).

² Canovas est debout derrière le fauteuil de la reine régente.

dans tous les pays, suscita nombre de caricatures, mais plutôt impersonnelles que personnelles, par cette raison même que le souverain était encore trop imberbe, trop inexistant, pour pouvoir être visé de façon satirique avec quelque intérêt. Comme toute manifestation humaine, la caricature a besoin d'avoir devant elle des hommes.

Or, qu'y pouvait-il, le pauvre petit roi, à cette fin d'un régime, à cette faillite des derniers restes de la suprématie espagnole!

Esclave du destin, il n'avait qu'à se laisser docilement conduire par les siens; par de plus expérimentés, par de plus habiles.

Et ce que firent les plus expérimentés, les plus habiles, on le sait.

UN CONTE D'ÉLÉPHANT
EN VUE DE L'ANNEXION POSSIBLE
DES PHILIPPINES

(Simple histoire en petites images)

—

— Il était un petit Roi, haut perché
sur son trône, tandis que le « mi-
nistrel » chantait en s'accompa-
gnant sur la guitare.

— Et ce même petit Roi trô-
nait également sur des éléphants : *Cuba, Philippines,
Porto-Rico.*

— Or ses éléphants lui furent
pris et le petit Roi vint, alors,
se jeter aux pieds d'Oncle Sam
pour implorer sa grâce.

(Harpers Weekly, de New-York, 1895.)

Ce fut la classique lutte pour la forme, la lutte pour sauver l'amour-propre de la nation.

Aussi, en dehors des Hollandais, en dehors de Johann Braakensiek dont le coup d'œil génial embrasse l'univers entier, je ne vois guère qu'un ou deux journaux, américain et allemand, qui aient fait intervenir Alphonse dans la bataille des crayons.

Marie-Christine — ceci est du *Wahre Jacob*, de Stuttgart, — occupée à donner à son fils une leçon d'histoire, lui demande : « Qui a découvert l'Amérique ? — Les Espagnols, maman, mais assurément, ils ne le feraient plus aujourd'hui ! »

De 1895 à 1898, Braakensiek a plusieurs grandes compositions lithographiques visant Cuba, où Alphonse apparaît en jeune enfant jouant... au soldat, ou sur le trône, aux côtés de sa mère, la reine régente. Ailleurs, même, il est seul sur le trône, dont il a peine à remplir la moitié, fumant un énorme Havane, et oncle Sam souriant, bon enfant, lui offre un Manille en échange de ce Havane, trop gros pour lui.

Aux côtés de Braakensiek, Van Geldorp qui dessinait, alors, pour feu le *Neerland's Weekblad*, d'Amsterdam également, devait traduire d'heureuse façon, par le crayon, une idée pleine de bon sens et d'une profonde philosophie moderne :

« Pourquoi avez-vous mal défendu Cuba ? » — crie l'esprit de Christophe Colomb.

Et Alphonse XIII répond :

S. M. LE ROI D'ESPAGNE

— Z'aurais bien fait la guerre, mais z'ai plus de soldats, ni d'arzent pour en aceter.

Vignette de Moloch. pour *Paix ! Paix ! Paix ! Voilà les gardiens de la Paix !*

(*La Chronique Amusante*, Octobre 1897.)

Marie-Christine (donnant à son fils une leçon d'histoire). — Qui a découvert l'Amérique ?

Alphonse. — Les Espagnols, maman, — mais très certainement ils ne le feront plus à nouveau.

(*Der Wahre Jacob*, de Stuttgart, 18 mai 1898.)

« Est-ce moi qui vous ai demandé de découvrir l'Amérique ? »

Caricatures de l'enfance, — d'une enfance, malheureusement pour lui, peu glorieuse, — parmi lesquelles apparaît une petite vignette de Moloch qui remet toutes choses en place et confirme ce vieux proverbe : Que la vérité sort toujours de la bouche des innocents.

« Z'aurais bien fait la guerre, mais z'ai plus de soldats, ni d'arzent pour en aceter. »

De Cuba, jusqu'à la majorité, rien pour ainsi dire, si ce ne sont, de-ci de-là, quelques vignettes, françaises, italiennes ou allemandes, visant la politique intérieure, les difficultés financières, les brusques changements de ministères, la lutte entre l'élément libéral et l'élément jésuitique, les atrocités des guerres civiles.

LA GUERRE ENTRE L'ESPAGNE ET LES ÉTATS-UNIS D'AMÉRIQUE

L'Espagnol. — Me battre, soit,... mais ce bison n'est pas un taureau.

Caricature de Johann Braakensiek (*Weekblad voor Nederland*, d'Amsterdam, 1898).

Les difficultés financières, la misère générale! chapitre toujours vivant, toujours actuel, de l'histoire d'Espagne.

La misère! n'est-ce pas, s'il faut s'en rapporter à *The Tribune*, de Londres, qui n'a point absolument tort en l'occurrence, un des trois soutiens de ce trône *conservateur* dont les appuis sont particulièrement peu solides.

La misère, l'anarchie, la guerre civile!

Et, pour montrer au grand jour cette misère encore insoupçonnée de la plupart d'entre nous, la caricature européenne a des images et des légendes vraiment savoureuses qui placent, dans la bouche de notre jeune premier, des réponses dignes de celles jadis si généreusement prêtées à Marie-Antoinette.

« *Majesté! nombre de vos sujets ont faim!* » — vient dire au souverain, sous le couvert du *Fischietto*, un officieux quelconque. Et Alphonse

CATALOGNE ET... ESPAGNE

— Je suis véritablement touché de la belle réception que vous m'avez faite.
— Oh, Majesté!... il ne faut point vous en étonner. Les opinions politiques n'ont rien
à voir avec... les bambins.

Caricature de Cinirin (*Fischietto,* de Turin, 19 avril 1904).

occupé à parcourir sa galerie féminine, lui répond avec une sagesse
dogmatique, digne du prophète :

« *Heureux les pauvres! ils n'ont pas besoin d'apéritif.* »

Plus cruelle encore, peut-être, la légende qui se peut lire au-dessous
d'une de ces admirables compositions comme *Jugend*, seul, sait les présenter : Alphonse debout, immense, maigre comme un jour sans
pain — j'allais dire un *jour espagnol* — entouré de toute sa camarilla
jésuitique, tandis que, s'inclinant jusqu'à terre devant lui, un haut personnage lui tient ce langage dénué d'artifice :

« Majesté! les combats de taureaux compromettent la nation!

DE SINGULIERS SOUTIENS DU TRONE

(*The Tribune*, de Londres, Juin 1906.)

° L'anarchie, la misère, la guerre, et au premier plan, une bombe prête à éclater.

Tous les toreros qui eurent, hier, le ventre éventré, moururent l'estomac vide ! »

Mourir l'estomac vide : non point triste constatation, capable d'inspirer quelque pitié pour le pauvre éventré, mais bien suprême honte pour un peuple !

Ceux qui livrent ainsi au public leurs entrailles pantelantes ne devraient-ils pas, au moins, avoir la délicatesse de mourir l'estomac gavé, ne serait-ce que par respect pour l'honneur castillan !

7

LA MISÈRE EN ESPAGNE

— Majesté, nombre de vos sujets ont faim!...
— Heureux les pauvres! ils n'ont pas besoin d'apéritif.

Caricature de Cinirin (*Fischietto*, de Turin, 1905).

Satire digne de Goya, et bien réellement *goyaenne*, puisque c'est l'Espagne qui se trouve ici en jeu.

Les difficultés financières! cause principale de tous les changements ministériels; un des motifs qui feront obliquer le jeune souverain à droite ou à gauche; — à droite avec Maura, avec Azarrega, avec Villaverde; — à gauche avec Moret, avec le vieux maréchal Dominguez.

Mais combien peu intéressants pour la caricature européenne ces changements, — unique objet de toutes les caricatures espagnoles, — qui permettent aux crayons madrilènes de toucher à la politique du pays, sans se faire censurer ou supprimer.

Seuls, peut-être, les satiristes français et italiens ont, de temps à

LES GRANDS HOMMES DE LA POLITIQUE : SIGISMOND MORET

— Sire, je suis en train de redonner à la carte tout son éclat.

Caricature de Cinirin (*Fischietto*, de Turin, 1905).

* Moret, alors président du Conseil, passe la Catalogne à la colle-forte afin qu'on ne puisse plus voir les inscriptions séditieuses : *A bas l'Espagne !* qui s'y montrent de toutes parts.

autre, daigné accorder quelques vignettes à cet exercice, d'usage si commun, aujourd'hui, que dans les pays parlementaires il a, on peut l'affirmer, perdu tout intérêt.

Donc, saluons au passage Moret et Maura, grâce auxquels on peut voir apparaître, quelquefois, le souverain.

En même temps, notons que du jour où la caricature s'est accoutumée au visage d'Alphonse ; du jour où elle l'a fait sien pour le transformer en noix de coco, taillable et corvéable à merci, la physionomie de la Reine-Mère a peu à peu disparu de son objectif.

Au siècle dernier, il n'y eut, en réalité, que les Hollandais et les Allemands pour faire apparaître Marie-Christine dans de grandes compositions qui, par leur allure, par la profondeur de la pensée, pourraient presque prétendre au document historico-satirique.

LE CATALANISME

— C'est un produit un peu coriace! Il vous faudrait avoir un meilleur estomac pour digérer cela !!

Caricature de Cinirin (*Fischietto*, de Turin, 12 septembre 1905).

* Ce *produit un peu coriace*, produit catalanais, c'est la bombe du mécontentement général prêt à éclater.

Après 1900, les Italiens eux aussi, à leur tour, se complurent à cette figuration de la mère et du fils, — de la mère toujours rigide, toujours renfrognée, toujours prête, ce semble, à jouer au croquemitaine, et à faire appel aux instruments de réaction.

Parmi toutes ces images, une, ici reproduite, est particulièrement éloquente, non par sa légende, quelconque : *après la course électorale*, mais bien par le profil outrageusement simiesque donné à la Régente et à Alphonse XIII.

Quels nez! Quelles bouches!

— Les députés étrangers en Espagne. — Monarchie et socialisme.

Caricature de Gravelle (*Le Grelot*, Novembre 1903).

Image faisant allusion à un arrêté d'expulsion rendu contre des députés français, italien, allemand, lesquels s'étaient livrés sur territoire espagnol à des actes de propagande socialiste.

Et dire que c'est le cousin Victor-Emmanuel qui laisse ainsi sculpter, en noix de coco, son cousin Alphonse !

L'irrespect a fait du chemin depuis les jours lointains de 1880 et
1882, où l'on n'osait pas, sous la troisième République, dans des
livres français, publier des caricatures historiques visant l'impératrice
Eugénie !

De l'anarchie il sera question tout à l'heure. Retenons seulement,
pour l'instant, ce qui est relatif à l'esprit séparatiste de la Catalogne,
ce que le *Fischietto* appelle si bien le *catalanisme*, — « produit coriace »
qui demanderait, pour être digéré, un estomac meilleur que celui du
jeune souverain.

Alphonse XIII et ses ministres. — Alors, parce qu'il n'y a plus le sou, il faut que je me débrouille !

Caricature de Gravelle (*Le Grelot*, Décembre 1903).

* A propos de la démission du ministère Maura.

Catalanisme! ce qui est, ce qui sera, pour l'Espagne de demain surtout, ce que fut, autrefois, le *carlisme.*

Castille contre Catalogne !

Catalogne contre Castille !

Catalogne, républicaine, fédéraliste, francophile, n'ayant aucun motif pour faire partie de l'actuelle monarchie espagnole; ayant, au contraire, toutes les raisons pour former dans la Péninsule un second État indépendant, — tel le Portugal.

La Catalogne qui ne se peut mieux comparer, si l'on veut bien renverser l'ordre des facteurs, qu'à ce que fut la Bretagne, des années durant, à partir de la Révolution française.

La Catalogne, qui fait immédiatement surgir devant nous les atrocités des guerres civiles, les fusillés de Barcelone, les suppliciés de Montjuich, — et encore, en m'exprimant ainsi, je n'ai en vue que les faits antérieurs aux derniers et sanglants événements de la belle cité à la célèbre *rambla dos florès*.

LES PLAISIRS DES SPORTS. PAS DE PAIN MAIS DES JEUX

(*Nebelspalter*, de Zurich, Septembre 1905.)

* Phophonso — *Fonsi* — exécutant des culbutes dans l'arène du cirque pour amuser la galerie. Allusion aux palinodies politiques, réformatrices, et aux courses de taureaux.

Atrocités qui feraient douter de la civilisation! Fusillés dignes de respect par l'ardeur de leurs convictions!

Or, il les verra souvent apparaître à ses côtés, ces victimes, le jeune roi encore innocent — on ne pourrait plus en dire autant, aujourd'hui, — mais, nulle part, de façon aussi violente que sur une image des *Corbeaux*, de Bruxelles.

— Alphonse XIII montre au président Loubet les plus belles attractions de l'Espagne : les suppliciés de Montjuich et les fusillés de Barcelone…

— « Pauvres victimes! » s'exclame Loubet.

Ce à quoi Alphonse répond :

— « Pas du tout ! C'était de sales socialistes. »

— Le roi Alphonse commençant à avoir la hantise des spectres.

(*Fischietto*, de Turin, 30 mai 1903.)

A MADRID
— *Pas de deux!* « Ollé Espana! »

LES AMOUREUX DE

Caricature de Caron

MOISELLE MARIANNE

ischietto, de Turin).

A GÊNES
— *Pas de trois !* « All right, viva l'Italia ! »

De 1900 à 1904 quelques caricaturistes italiens s'amusent à mettre en scène Alphonse recevant les conseils maternels. Une caricature de Cinirin (*Fischietto*) nous le montre présenté par sa mère à une vieille dame (*la Réaction*) et à une jeune dame (*le Libéralisme*) et comme il est quelque peu hésitant vis-à-vis de ces deux imposantes personnes, il demande à maman comment il se doit comporter à leur égard. « Saluer l'une respectueusement et envoyer à l'autre un sourire aimable », lui répond la régente.

PRINTEMPS 1903

(*Nebelspalter*, de Zurich. 9 mai.)

* Les partis espagnols voulant couronner le jeune roi, chacun à sa façon : couronne de papier ou couronne de fer, façon de représenter les principes du libéralisme et du cléricalisme.

Ailleurs, il joue aux quilles, et il en est trois qui restent plantées droites, devant lui, sans qu'il puisse arriver à les abattre. Ces trois quilles, c'est la trinité qui fait obstacle à tout établissement d'un régime libéral, durable, en Espagne : *le jésuitisme, le carlisme, le socialisme.*

En réalité, ce furent les jésuites qui le formèrent et lui firent faire ses premiers pas ; c'est le chapeau de Loyola qui recouvre quand même la couronne royale, — et larges sont ses bords, on le sait, au couvre-chef historique. N'a-t-il pas, depuis

LES CONSEILS MATERNELS AU ROYAL BAMBIN

— Apprenez-moi, ma mère, de quelle façon je me dois comporter...
— Calmer, flatter la vieille et peloter la jeune. Un roi doit être galant avec toutes les femmes !...

Caricature de Cinirin (*Fischietto*, de Turin, 9 décembre 1902).

longtemps, fait disparaître sous le boisseau — et quel boisseau ! — un des plus fertiles pays qui soient.

Les Hollandais, qui voient toujours en philosophes et en penseurs, ont ici exprimé clairement ce que beaucoup conçoivent mais n'oseraient exposer.

L'image due au dessinateur du *Nederlandsche Spectator* est simple, et la légende n'est guère plus compliquée : « Aux grands maux, les grands remèdes ! » Et puisque bombes il y a, — « le seul moyen de sauver l'Espagne, c'est de jeter une bombe en plein clergé ! »

Le congé final.

En réalité, tiraillé entre les partis, Alphonse hésitera ; Alphonse aura des moments de lucidité et des heures de découragement.

LE JEU DE MASSACRE EN ESPAGNE

— Maman! maman! impossible de les abattre!...

Caricature de Cinirin (*Fischietto*, de Turin, 1904).

Il voudra concilier le passé et le présent, comme si ces deux extrêmes se pouvaient jamais assembler; il essaiera du gallicanisme, se disant, non sans raison, que l'on peut conserver sa foi catholique tout en donnant au progrès certaines garanties.

Libéralisme et modérantisme! toujours la vieille histoire de la politique à deux faces, à double bascule.

Il a épousé une protestante; et il ne veut pas qu'il puisse y avoir, sur terre espagnole, des protestants pratiquant librement leur culte, puisqu'il a fait fermer le temple anglican de Barcelone.

Mais, en politique, il semble vouloir s'appuyer sur les partis dits libéraux.

« Un Bourbon libéral! » — Y pensez-vous! Quel scandale!

Et le *Fischietto* nous représente, à ce sujet, la Reine-Mère et son confesseur venant dire au jeune émancipé :

« Récitez le Saint-Rosaire en famille... Ma parole, il me semble que vous voulez jouer au libéral ! Ce serait une profession nouvelle pour un Bourbon ! »

Les uns protestent ; les autres se disent que cela ne durera pas ; que c'est uniquement l'effet de la lune de miel. « Vous ne sauriez longtemps régner sans moi ! » lui souffle à l'oreille Loyola, qui s'efface quand il faut, mais qui n'abandonne jamais la place, afin d'être toujours là quand on aura besoin de lui.

Mais qu'est-ce à dire ! Le ministère libéral va donner sa bénédiction au mariage civil, et le Roi approuverait la mesure !

Alors les jésuites commencent à prendre peur.

Quoi ! Alphonse, lui aussi, Alphonse, le Roi très Catholique, qui s'émanciperait, qui oserait se tourner contre l'Église ! Ceci, les caricatures l'expriment clairement, montrant, de même, que le grand obstacle à une alliance plus intime avec la France, ce fut toujours cette immense calotte de plomb, cette coupole sombre et profonde qui a nom : la tiare pontificale.

APRÈS LA COURSE ÉLECTORALE

— Et quoi ? le parti de l'ordre ?
— Est parti... mais pas arrivé !

Caricature de Golia (*Pasquino*, de Turin, 1905).

* Alphonse avec la reine mère.

LA SEULE CHOSE NÉCESSAIRE A L'ESPAGNE

Alphonse. — Aux grands maux, les grands remèdes! Le seul moyen de sauver l'Espagne, c'est de jeter une bombe en plein clergé.

Composition de Henricus W*** (*Nederlandsche Spectator*, de La Haye, 1906).

Heureusement, voici le sauveur, Édouard, souvent entrevu, déjà, sur les images relatives au mariage; — Édouard qui, à Carthagène, ira jouer aux petits bateaux avec ce cousin à qui, après tout, il veut du bien; — Édouard qui, nouveau roi des Aulnes, emportera loin des voix hurlantes et mauvaises, son protégé, son enfant choyé; — Édouard qui sera le soleil réconfortant et réchauffant de la monarchie espagnole; — Edouard qui n'est pas, là, seulement pour donner des adresses de petites femmes, mais qui est l'homme de haute expérience et de toujours bon conseil.

D'un côté, Édouard et le libéralisme; — de l'autre côté, le Pape et le jésuitisme! Terrible dilemme que semble fort bien présenter l'image de l'*Asino* :

ALPHONSE L'ÉMANCIPÉ

— Récitez le Saint Rosaire en famille... Ma parole, il me semble que vous voulez jouer au libéral ! Ce serait une profession nouvelle pour un Bourbon !

Caricature de Cinirin (*Fischietto*, de Turin, 1906).

« — Pense, mon neveu, » dit Édouard, « que si l'Espagne ne se renouvelle pas, l'Angleterre ne voudra plus de nous. »

« — Pense, cher petit, » lui fait remarquer doucereusement Sa Sainteté, « que mes braves pères jésuites t'ont donné beaucoup..., même des enfants ! »

Et il semble, quand même, — malgré les défections, malgré les retours trop fréquents, malheureusement, aux actes de cruauté et de barbarie, — que ce soit l'oncle Édouard et ses sages principes qui l'emportent.

Au point de vue imagerie caricaturale, je ne sache rien qui soit plus drôlement comique que ces deux figures qui s'en vont sans cesse, bras dessus, bras dessous, à travers les journaux, l'une grosse, grasse,

LA VOIX DE LOYOLA

— Majesté! Alphonse de Bourbon! Mon fils de prédilection... Songez bien que vous
ne sauriez régner longtemps sans moi!...

(*Fischietto*, de Turin, Décembre 1906.)

bedonnante, un éternel havane à la main, Édouard VII; l'autre, véritable asperge montée, tel un héron, Alphonse XIII; — à moins que ces
deux inséparables ne soient flanqués d'un troisième personnage, lui
aussi bedonnant comme Édouard, Fallières, — trinité avec laquelle les
caricaturistes s'amuseront à constituer de pittoresques groupes des
Trois Grâces (1).

(1) On ne saurait croire combien souvent les classiques *Trois Grâces* furent employées
à des transformations politiques, je veux dire accommodées aux besoins de l'actualité.
Et puisque l'occasion se présente, ici, de m'arrêter un instant sur ce sujet, il convient, tout d'abord, de faire remarquer que l'emploi, l'usage des groupes classiques
dans le domaine politique est dû aux Italiens — ceci s'explique de soi — qui en
firent, de tout temps, une véritable consommation.
Ne vit-on pas, en ces dernières années, de l'autre côté des Alpes, les Trois Grâces
se transformer en les trois sœurs, les trois alliées de la Triplice.
Mais ce qu'il convient d'observer, également, c'est la facilité avec laquelle les Ita-

UNE OPÉRATION A L'ESCURIAL

— Le royal nez d'Alphonse n'était pas droit comme le fil à plomb ; son souffle et sa respiration le mettaient, souvent, en cruelle détresse. Voulait-il embrasser sa reine,

8

il soufflait poussivement en s'approchant d'elle, si bien qu'elle ne pouvait s'empêcher de lui crier, tout en partant d'un éclat de rire : « Phophonse, arrête l'orgue ! »

C'est pourquoi il fit appel aux maîtres de la rhinoplastie : ceux-ci, alors, enfoncèrent dans son nez leur tête jusqu'aux oreilles, et, pleins d'extase, ils mugirent : « Ah ! voilà celui qui coupe la respiration. Dans le plus grand de tous les nez se trouve un polype gras ; et, dans cette royale avancée, il est, là, comme chez lui. Mais nous, médecins, nous serons les plus forts, et nous l'en extirperons.

Et ils allèrent chercher leur boîte à chirurgie. Pendant ce temps, avec force prières et jeûnes, le roi se préparait. Calme, résigné, plein de courage, il s'exprima ainsi : — « Finissons-en ! Celui qui me pique, je le jette à bas et le fais voler hors de la salle. Que mon premier ministre n'oublie point de venir assister à l'opération, car c'est un grand acte d'État que le procès-verbal d'extirpation d'un polype. Il lui faudra noter très fidèlement de quelle façon je me serai conduit, quand on cherchera dans le nez le polype. Un acte sur parchemin — lequel sera déposé aux Archives, — constatera que la postérité devra m'être redevable d'éloges, pour ne pas avoir appelé maman, pour avoir été un homme dans toute la force du terme, au moment du danger. Oui, on le saura plus tard, quel homme fut Alphonse !

Quant à l'animal ainsi extirpé, on le placera au Muséum, dans de l'alcool, afin qu'il reste un éternel monument à ma mémoire. Une inscription portera : « Le roi Alphonse, très richement doué, a enfin eu son nez complet, débarrassé de cet insecte méprisé ! »

Et sur ce, le vaillant fils de Christine devint pâle et blême, et s'écria : « Ah Dieu, professeur, cette bête, comment l'a-t-on donc ? »

(*Ulk*, de Berlin, 20 septembre 1907.)

---

* Cette amusante caricature, avec son texte également satirique, est une allusion aux végétations qui encombraient l'appendice nasal du roi, tant et si bien qu'on dut les lui enlever — opération chirurgicale, on le sait, d'usage courant de nos jours.

~~~~~~~~~~~~~~~~~~~~~~~~~

liens changent le sexe des statues, la prédisposition en quelque sorte naturelle, chez eux, à habiller et, par suite, — ce qui en est la conséquence normale, — à déshabiller les hommes en femmes.

C'est d'eux que nous est venue cette habitude, pour le moins bizarre, qui consiste à *féminiser* les hommes politiques que nous poursuivons de notre haine ou que nous aimons à ridiculiser. Ceux qui sont familiers avec l'image n'ont certainement pas oublié certaine gravure de la Commune qui transforma en Trois Grâces : Thiers, Jules Favre et Gambetta. Et, depuis lors, tous les politiciens victimes des traits de la satire, se virent, isolément ou accouplés, transformés en Vénus de jardin public.

Tels, ici, Édouard, Alphonse et Fallières.

Et voilà comment les Trois Grâces sont devenues un des arguments, une des expressions de la caricature.

LE ROI D'ESPAGNE S'EST FAIT COUPER LE NEZ

— Donnez au monde civilisé la fausse nouvelle. Il ne me manque plus que la réduction de l'appendice nasal pour améliorer du coup la situation..... politique.

Caricature de Cinirin (*Fischietto,* de Turin, 1907).

Caricature faisant allusion à l'incident rapporté tout au long dans la précédente image.

Il y aura d'autres groupements trinitaires parmi lesquels on verra apparaitre Alphonse, et ce seront *les Trois Gras* : Édouard, Carlos et Fallières. Devant eux, bedonnant à son tour, se postera notre ex-jeune premier, mais l'imagerie qui sait bien que cet embonpoint n'est que du soufflé, ne peut s'empêcher de conclure que cela ne durera pas longtemps.

Parmi les transformations que l'actualité satirique fait subir à Édouard, parmi les déguisements qu'elle lui impose, plusieurs sont à retenir et se pourront joindre, quelque jour, à sa galerie personnelle.

Notons particulièrement la royale effusion des deux souverains

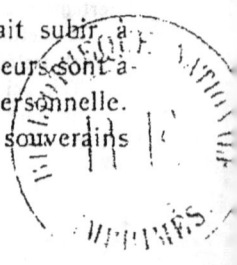

(nouvelle interprétation du classique : *Enfin seuls!*) et *Amitié espagnole :
hourrah! bravo!* une pittoresque façon de présenter l'union anglo-
espagnole par la fusion des bas écossais et espagnols. Cet Édouard
en torero vaut un certain Guillaume en Écossais, de joyeuse mémoire.

En vérité, cela nous le transforme de singulière façon, et l'on a peine à retrouver sous ce costume, soit le joyeux Edi, retour de quelque partie fine, soit le bon oncle, au chef orné d'un haut de forme aussi minuscule que brillant des vingt-quatre reflets indispensables, qui aime à prendre *Phonphonse* sur ses genoux ou sous sa protection.

Hip! hip! hourrah!

« N'oublions pas, mon fils, que l'alliance anglo-espagnole n'existera réellement que lorsque vous aurez une marine ! »

En considérant avec quelque attention ces images, on ne peut s'empêcher de conclure : *A Loubet l'éducation sentimentale. — A Édouard l'éducation politique.*

Restent, pour le mu-

CARTHAGÈNE

— Bras dessus, bras dessous avec toi, j'appellerai
mon siècle à la barre.

(SCHILLER, *Don Carlos.*)

(*Kladderadatsch*, de Berlin, 31 mars 1907.)

sée caricatural de notre souverain, deux questions — deux questions également internationales, quoique à des points de vue différents : -- *le Maroc* et les *bombes anarchistes*.

Le Maroc, qu'il soit figuré par une vulgaire noix de coco prête à prendre place sur l'arbre de Noël des puissances alliées, ou par Muley-Hafid en personne, c'est toujours, ou la réunion des États européens parmi lesquels, même à Algésiras, Alphonse est encore considéré comme un *minor*, obligé, pour, être vu, pour se faire entendre de l'Europe, de se percher sur un haut escabeau — ou bien la France et l'Espagne, mises, seules, en présence l'une de l'autre, — cette dernière étant, le plus souvent, représentée par son roi lui-même. Du reste, images d'intérêt généralement restreint, parmi lesquelles deux amères et cruelles satires sont, seules, à retenir.

L'une — et celle-là serait particulièrement dure pour la fierté castillane s'il lui était permis de prendre ombrage d'un dessin

LES VOYAGES DU ROI D'ESPAGNE

— Alphonse avec ses deux bons amis, Édouard et Fallières.

Caricature de Golia (*Pasquino*, de Turin, 3 novembre 1907).

LE DILEMME D'ALPHONSE XIII

Édouard VII. — Pense, mon neveu, que si l'Espagne ne se renouvelle pas, l'Angleterre ne voudra plus de nous.

· *Pie X.* — Pense, cher petit, que mes braves Pères jésuites t'ont donné beaucoup.... même des enfants !

(*L'Asino,* de Rome, 1908.)

de journal — représente Alphonse XIII en garçon de restaurant, vidant les fonds de bouteilles après le départ des clients. — « Une fois la table débarrassée », porte la légende, « le roi Alphonse se trouve réduit à boire les fonds de bouteilles que la France lui laisse pour certains services précis de domesticité. »

Dessinée par Bruno Paul, publiée par *Simplicissimus*, elle a toutes les allures d'une page d'histoire accusatrice. Pamphlet graphique qui pourra prendre, quelque jour, la valeur d'un document.

L'autre, d'origine italienne, provenant du *Pasquino*, représente côte à côte Alphonse et notre petit troupier français, et la légende

L'ALLIANCE DES « GRAS »

— Pour l'instant, c'est l'Espagnol qui apparaît le plus gras, mais il ne tardera pas à se dégraisser.

Caricature de E. Jüttner (*Lustige Blätter*, de Berlin, Avril 1907).

porte : « Sus aux Sarrasins! Non pour la gloire de Dieu, mais pour on ne sait quel dieu lare du commerce. »

En réalité, c'est le procès des grandes expéditions coloniales et de presque toutes les guerres contemporaines derrière lesquelles, toujours, se cache une question d'argent ou d'entreprise industrielle.

Les bombes anarchistes c'est plus grave et, certainement, moins décor d'opéra-comique que le Maroc. Ceux qui y ont passé peuvent vous en parler savamment, et de ceux-là, il en est, notre Alphonse, petit roi doublement intéressant, ayant reçu à la fois le baptême de la popularité et le baptême du feu.

Les bombes! cela intéresse tout un monde très haut placé, qui n'est pas *le monde où l'on s'ennuie*, cependant, mais bien *le monde où*

APRÈS L'ATTENTAT (

Fallières. — Comme vous le voyez, mon cher Alphonse, nous s

CONTRE FALLIÈRES

mes garantis contre l'éventualité de tout attentat... symbolique.

(*Pasquino*, de Turin, 10 janvier 1909.)

l'on a la frousse, pour employer une expression chère au populo... et quelquefois, non sans raisons, il faut bien le reconnaître.

Le monde où l'on a la frousse! Le Livre d'or du Gotha, une réunion select de potentats... plus ou moins exotiques : le Schah de Perse, le Sultan, Nicolas, Pierre Ier, Alphonse XIII, quelquefois Victor-Emmanuel III et même, — ce qui se voit plus rarement, — Léopold tenant étroitement serré, en ses bras, l'héritier Vaughan. Est-ce que Édouard, lui-même, ne fut pas sur le point d'en faire partie. Une hiérarchie parmi la noblesse des souverains ; au point qu'Alphonse, qui a vu les grenades à Paris et à Madrid, dira sur une caricature du *Süddeutscher Postillon*, en montrant du doigt un collègue non... touché :

« Impossible d'avoir des relations avec celui-là... on n'a pas, seulement, commis sur lui le plus petit attentat!! »

LE ROI ALPHONSE

— Eh bien! Messieurs, est-ce que je ne me suis point choisi une jolie fiancée? Cette fois, au moins, j'arriverai à chasser de la famille la longue lèvre pendante que vous savez!

Caricature de M. Köppen (*Jugend*, de Munich, 31 janvier 1906).

LA CONFÉRENCE D'ALGÉSIRAS

La Paix. — Il me paraît superflu que vous soyez venus ici. Vous ne pouvez, sous ma présidence, que vous aimer encore plus. Et quel est celui d'entre vous qui pourrait désirer ce qui est à son prochain !

Composition de Johann Braakensiek (*Weekblad voor Nederland,* d'Amsterdam, 1906).

Les souverains *qui ont la frousse,* ce sont ceux dont le cœur se trouve au fond de la culotte ; — et ce sera là, pour l'imagerie, matière à d'amusantes interprétations du vieux jeu : « Culottes bas ».

Mais Alphonse, il convient de le répéter, reçut deux fois courageusement le baptême du feu. Entre lui et Loubet ce fut échange de pommes et de grenades. Entre lui et le Czar, ce furent des rapprochements dont la caricature sut facilement faire emploi, dépassant même, souvent, les bornes, allant jusqu'à transformer Alphonse en un tigre altéré de sang, et créant, inventant la trinité des sanguinaires : *Nicolas II, Abdul-Hamid, Alphonse XIII.*

Ce qu'il faut plutôt retenir de ce jet de bombes, ce sont les images qui, montrant toute la terrible portée de l'emploi de tels engins, mettent au grand jour la véritable victime : la femme, la reine.

SUR LE VAISSEAU D'ÉTAT DE LA CONFÉRENCE DU MAROC

— Par les temps de tourmentes et d'ouragans, la chaise à vibrations, tout récemment
inventée, a fourni ses preuves de merveilleuse façon contre le mal de mer, et c'est un
vrai plaisir, pour celui qui la possède, de voir combien les autres ont mal au cœur.

Caricature de G. Brandt (*Kladderadatsch*, de Berlin, 25 février 1906).

* La France, l'Espagne, l'Angleterre sont violemment secouées, alors que, seule, l'Allemagne se tient
ferme en place.

Et il me semble que les *Neue Glüblichter*, journal socialiste de Vienne,
ont excellemment exprimé la situation en inscrivant cette légende,
— j'allais dire cette vérité — au-dessous d'une image d'actualité :
— « Si les bombes de mariage deviennent à la mode, les rois, très
certainement, ne trouveront plus de fiancées. »

La mort qui guette les souverains au coin des rues, une bombe à

LA DERNIÈRE AVENTURE DE DON QUICHOTTE

— Entre le dragon catalan et le lion marocain, le roi Alphonse ne se montre pas tout à fait indigne des héros de Cervantès.

(*Pasquino,* de Turin, 1909.)

— Alphonse, sur une automobile lancée à toute vapeur, écrase le Maroc par le traité d'Algésiras. — Carte postale coloriée.

DEVANT LE HAREM MAROCAIN

— Alphonse, mon petit, éloigne-toi! Tu es encore trop jeune!

(*Lustige Blätter*, de Berlin, 1907.)

la main : nouvel'e figure pour une *Danse des Morts*, s'il était encore de bon ton de se livrer à ces sortes de fresques grimaçantes, jadis si à la mode, et sur lesquelles les grands de ce monde n'étaient point épargnés. Il est vrai qu'en la matière, Alphonse XIII se trouve être un privilégié puisque la Camarde ne peut pas l'apercevoir, lui et son nez, sans être prise, subitement, d'un accès de fou rire.

Il y a eu bien des nez dans le roman et dans l'histoire : on n'avait pas encore vu l'appendice hilarant et protecteur arrêtant la gueuse dans ses projets homicides.

Si bien que, dans la longue énumération des souverains de la dynastie alphonsienne, on pourra lire quelque jour : *Alphonse le XIIIe, dit le nez paratonnerre.*

BOMBES ROYALES

— Est-ce pour moi ou pour vous, président?

— Pour tous deux, Majesté, ne sommes-nous pas dans le pays de *l'Égalité*?

(*Pasquino*, de Turin, 1905.)

— Avec un héroïque et juvénil enthousiasme, Alphonse XIII a affronté à Barcelone les présents de ceux qui lui avaient promis un... régal.

(*Fischietto*, de Turin, 1905.)

* Couteaux, bombes et pistolets apparaissent, on le voit, sous la forme d'un bouquet.

— Un attentat pour... rire, pour donner à Alphonse l'occasion de montrer sa bravoure!

(*Fischietto*, de Turin, 1905.)

* Autre vignette relative à l'attentat de Barcelone.

Ayant également échappé, en 1905 et en 1908, aux bombes de Barcelone, — qui, vraiment gentilles, vraiment respectueuses de la Majesté Royale, ne se firent point voir — Alphonse eût pu s'écrier, alors, comme on le lui fait dire sur l'image du *Ulk* : « O mon peuple fidèle de Barcelone ! Tous ont des armes en main, et aucun ne tire sur moi ! »

Hélas !, ils viennent de tirer sur eux, entre eux, et les images récentes visant le dernier soulèvement de la Catalogne, ne laissent pas le souverain en excellente posture. Il semble que l'Europe ne voie point les choses comme elles sont vues làbas ; ce qui est, en tout cas, certain, c'est que l'absolutisme, la réaction, le jésuitisme de *tra los montes* n'ont pas pour eux les sympathies de nos satiristes.

La *Dernière aventure de Don Quichotte* — dit le *Fischietto*, qui nous

— Carte postale dessinée et coloriée par Bobb (1905).

(E. Louvet, éditeur).

Série *La Flèche*, tirée à 50 exemplaires.

montre une sorte de Gui-
gnol *don Quichottesque* en
assez triste posture entre
le dragon catalan et le
lion marocain, et c'est,
en réalité, la seconde
fois qu'Alphonse apparait
sous les traits du célèbre
hidalgo — la première
image de cette espèce
ayant été déjà signalée
ici.

N'en soyons point sur-
pris : types et figures
d'autrefois tendent de
plus en plus à disparaître,
alors même que profon-
dément locaux.

Vous pouvez les
compter, les Alphonse en
torero, et elles se peu-

— Au revoir, monsieur le Président. Si nos fêtes
ont fait moins de bruit, c'est qu'il y a eu aussi
moins de pétard !

(*L'Indiscret*, 15 novembre 1905.)

M. Loubet. — Alors, c'est tout ce
que l'Empereur vous a donné ?
(*La Chronique amusante*,
30 novembre 1905.)

vent également compter, les luttes
politiques transformées en courses
de taureaux.

Alphonse, il est vrai, une fois
sera poursuivi par un taureau rouge,
et d'un rouge tellement violent que
le pauvre roi, décontenancé, ne
pourra s'empêcher de s'écrier : « Il
est un peu turbulent, je préfère le
noir ! » Lisez : les noirs, les jésuites.

Et cependant, comme on l'a vu,
le noir, malgré son attirance pre-

9

BOMBES

Nicolas (à Édouard, Alphonse, Roosevelt et Victor-Emmanuel). — Ces diables de bombes! Et dire que le monde se figure que c'est pour notre plaisir que nous sommes chefs d'État.

Caricature de Orion (*Uilenspiegel*, de Rotterdam, 9 juin 1906).

mière, n'eut pas toujours, entièrement, les préférences du Roi.

Après s'être garé du taureau rouge lancé contre lui, il entrera en lutte avec le taureau noir, ce sera, suivant une image des *Humoristische Blätter*, de Vienne, le *Kulturkampf en Espagne*; Kulturkampf à l'eau de rose, qui ne dura pas longtemps, et ne fit guère de mal.

Mais pour la circonstance, Alphonse se trouva tenir en main le rouge épouvantail des réformes. Ailleurs, le taureau personnifiant l'Espagne foncera de toutes ses forces contre les hommes noirs sortant — quand il s'agit de ce pays, on ne peut pas dire « on ne sait d'où », mais bien de partout, — et Alphonse jouera le rôle du picador.

Une autre fois, ce sera la grande *corrida* organisée pour les fêtes du couronnement, avec tout son luxe de sang et d'égorgements, si bien que *Der Flob*, de Vienne, aura soin de faire observer, avec assez de justesse : *il ne manque plus que l'autodafé.*

Il ne manquera pas toujours, quoique, en notre époque d'incrédulité et d'industrialisme à outrance, tout se change, tout se modifie, tout révèle un caractère effacé et particulièrement neutre. Disparues, les belles audaces d'autrefois, parce que ces audaces demandaient des caractères trempés autrement que les nôtres, parce qu'elles impliquaient une sorte de renoncement de soi-même, un mépris de la mort qui n'existe plus dans nos sociétés modernes toutes aux charmes du bien vivre.

Et c'est pourquoi l'on n'ose plus !

Cet état d'âme, une vignette de Radiguet dans *le Rire*, ici reproduite, l'exprime fort bien.

Notre Alphonse avec le sympathique profil qu'on lui connaît, passe agréablement son temps à la signature de décrets d'expulsion.

Il signe et il signe toujours, tout en se faisant à lui-même quelques réflexions : « Épatant ce Maura ! Un vrai type dans le genre de Franco. » Mais, au même moment

DEUX AMES ET UNE MÊME PENSÉE

Nicolas et Alphonse se regardant, alors que chacun a sur l'autre, la même pensée, laquelle pourrait se traduire ainsi :
— « Dans la peau de celui-là je ne voudrais point me trouver. »

(*Neue Glühlichter,* de Vienne, 4 juin 1906.)

la pensée lui vient qu'avec cette politique de réaction à outrance il joue gros jeu, il risque même sa peau. Et alors, la logique des choses lui fera tenir ce propos : « Pourvu que je ne finisse pas par être un type dans le genre de Carlos. »

Propos figurés, cela va de soi : impressions de caricaturiste suivant les événements au jour le jour, c'est entendu; il n'en est pas moins vrai que c'est là la véritable caractéristique des hommes et des choses de notre temps.

Le Maura « épatant », pour la trois ou quatrième fois a disparu, passant son porte-feuille à un libéral, Moret, Dominguez, ou quelque autre *ejusdem farinæ*. La même main royale qui signait et resignait des sentences de mort ou des décrets d'expulsion, signe des grâces et rapporte des décrets. Quand les pantins cléricaux sont allés trop loin, le roi fait sortir les marionnettes libé-rales, et la farce est jouée.

Concluons avec les images.

Alphonse qui, grâce à cer-taines alliances, apparaîtra gros et gras, et que l'on voit faire assaut de courtoisie avec les plus grands monarques, a été un moment, le favori de l'Europe : Ovations chaleu-reuses, élan unanime des po-pulations, toasts particulière-ment cordiaux, rien ne lui

BALLONS GONFLÉS

— Le monde où l'on s'effraie ! (1)

Caricature de Orion (*Uilenspiegel,*
        de Rotterdam, 7 mars 1908).

* Une des nombreuses caricatures publiées à la suite de l'attentat de Lisbonne. Alphonse se trouve ici au premier rang des souverains que la grande bombe fait sauter.

(1). En français, sur l'original Hollandais.

ALPHONSE XIII TORERO

« Le roi Alphonse a été vu à une course de
Séville vêtu en *torero*. »

(*Les journaux.*)

— Et son voyage à Barcelone a prouvé combien il eût été opportun pour lui de ne
manier que *l'espada*.

(*Fischietto*, de Turin, 1908.)

manqua; les caricatures elles-mêmes ne sont plus à enregistrer tout
cela.

Les bombes c'est l'inconvénient du métier !

N'a-t-on pas dit qu'elles étaient pour les souverains ce qu'est
pour les don Juan le classique bol de vitriol.

— Mais pas de médailles sans revers. Donc, au fond, risque purement professionnel.

Le danger, le vrai danger que la caricature ne cesse de montrer au
jeune souverain, tout à l'orgueil de ses paternités et des satisfactions
d'amour-propre que lui donne l'appui constant et réel de l'Angleterre;

POUR LA PAIX

— Échanges de courtoisie entre gros bonnets.

(*Fischietto*, de Turin.)

c'est la réaction cléricale, pesant plus que jamais sur le peuple, et l'accroissement considérable des charges militaires.

Soutenu, conseillé par Édouard, — son oncle par alliance — Alphonse XIII est visiblement piqué de l'ambition de redonner à l'Espagne une place dans le monde, dans la politique européenne, et tout naturellement pour lui reconquérir, non sa puissance d'autrefois, non sa situation prépondérante à jamais perdue, mais une part d'influence, il faut qu'elle redevienne une puissance fortement armée sur mer.

Surcroît d'efforts, surcroît de dépenses, surcroît de charges, et c'est cela que ne peut admettre un peuple déjà épuisé sous toutes les formes ; un peuple représenté par le prolétariat industriel en Catalogne, et par le prolétariat agricole en Andalousie, qui lui, cherche

— « Épatant ce Maura ! Un vrai type dans le genre de Franco... Pourvu que je ne finisse pas par être un type dans le genre de Carlos. »

Croquis de M. Radiguet (*Le Rire*, 30 mai 1908.)

à vivre et à se créer un avenir par des moyens tout autres que ceux de la puissance mondiale.

Qu'est-ce qui a amené la dernière révolution de Barcelone, si ce n'est le Maroc?

Qu'est ce qui a ordonné la répression sanglante, si ce n'est l'esprit clérical et inquisitorial, toujours vivace dans les vieilles Espagnes?

Et qu'est-ce qui sera la victime de cet état de choses: Alphonse XIII. l'ex-jeune premier de l'Europe.

Ici, plus que jamais, la parole va être aux images.

— Le Michel allemand venant prendre place dans les affaires du Maroc, aux côtés de la France et d'Alphonse.

(*Mucha*, de Varsovie, 1908.)

— Les exercices du tireur émérite Alphonse produisent des bruits désagréables : feu des deux côtés à la fois avec beaucoup de bruit et peu de numéros gagnants.

(*Kladderadatsch*, de Berlin, 3 octobre 1909.)

La Guerre au Maroc et le soulèvement de Barcelone

LES CONSÉQUENCES DE LA GUERRE. — ALPHONSE XIII ET NICOLAS. — UNE COURONNE TOMBÉE DANS LE SANG. — TORQUEMADA : LES JÉSUITES CONSIDÉRÉS COMME LES AUTEURS DE LA RÉPRESSION SANGLANTE DE BARCELONE.

Voici, recueillies, classées, une dernière série d'images, particulièrement violentes, il faut le reconnaître, relatives, en même temps à la guerre du Maroc et à l'insurrection catalane, parce que, quoique d'ordre différent, ces deux sujets se touchent.

En vérité, il ne s'agit plus, en ce chapitre qui complète, précise et accentue le musée caricatural d'Alphonse XIII, du Maroc tel qu'on a pu le voir précédemment, — je veux dire de l'Espagne intervenant dans les affaires marocaines conformément au traité d'Algésiras, — mais bien de l'expédition de Mélilla.

L'expédition qui semble indiquer une orientation nouvelle; l'expé-

L'ON NE PEUT PAS RIRE TOUJOURS !

— La physionomie gaie et rieuse du jeune roi Alphonse XIII, mari et père heureux, répandue de par le monde, à des millions d'instantanés, est, pour l'instant, quelque peu modifiée.

Caricature de G. Dalsani (*Fischietto*, de Turin, 3 août 1909).

* Alphonse XIII tient sur ses bras, comme on le voit, d'un côté un petit Marocain, de l'autre, un petit Catalan.

diton qui inquiétera
profondément certains
milieux éclairés et les
amènera même à poser
devant le pays la ques-
tion suivante :

« L'Espagne va-t-
elle conquérir de nou-
velles possessions,
quand elle ne peut gar-
der ses vieilles colo-
nies? quand elle ne
dispose, pour ce faire,
d'aucun des moyens
nécessaires; ni argent,
ni armement, ni force
morale, ni ardeur bel-
liqueuse? »

L'expédition qui
va être la cause directe
et réelle de la révolu-
tion de Barcelone, —
non que le peuple
espagnol, dans son en-
semble, pas plus que
le peuple catalan, en
particulier, soit par
principe, antimilita-
riste et ennemi de toute
guerre — ce serait lui
prêter une mentalité
supérieure et idéale
qu'il est bien loin
d'avoir — mais parce
que, grâce au système

SPORT ESPAGNOL.

Le roi Alphonse. — Toutes ces chasses au gibier ordinaire, devenant quelque peu monotones, j'ai eu
l'idée d'organiser, une fois, une chasse à l'homme. Cela
est autrement intéressant.

Caricature de Rotgans (*De Notenkraker*, d'Amsterdam,
7 avril 1909).

— Caramba! Encore ça, par-dessus le marché!

(*Kladderadatsch*, de Berlin, 8 août 1909.)

militaire, encore en pratique, ce sont les prolétaires et, tout particulièrement le prolétariat catalan, qui ont eu à supporter les charges et
les conséquences désastreuses de l'expédition.

D'où les mécontentements, les grondements sourds commençant
par la campagne de protestation que l'on sait, pour aboutir à la grève
générale et à la révolte à main armée.

Et comme l'imagerie espagnole, toujours maintenue en tutelle,
n'aurait pu exprimer librement, à l'aide du crayon, le sentiment populaire, c'est la caricature étrangère qui allait se faire l'interprète de
l'opposition libérale et démocratique.

Précédemment, lors de la guerre avec l'Amérique, le jeune roi
avait dû à son âge d'être épargné; aujourd'hui, il n'en allait plus de
même. C'est donc Alphonse XIII, lui seul, qui va être visé par les
crayons de tous les pays; allemands, hollandais, français, italiens.

D'abord la lutte : guerre extérieure au Maroc; guerre intérieure en
Catalogne, en cette Catalogne industrielle et démocratique, qui, de
tout temps, fut en antagonisme avec la Castille. « A la réflexion cet

antagonisme était fatal » disent fort bien MM. Normandy et Lesueur dans leur volume *Ferrer* « entre un État épuisé par ses nobles, ses dirigeants, son clergé, son armée (vampire agriffant un peuple fatalement oisif dans ses provinces désertes, arides, dénuées de toute industrie) et une contrée riche, peuplée de travailleurs, remplie de cultures et d'usines, attentive au progrès continental et douée d'une exceptionnelle vitalité. C'est parmi le conflit de ces deux grands éléments historiques, de ces deux nations et presque de ces deux races, que l'Espagne évolue ».

Mais, pour valables et réelles qu'elles soient, ces raisons ne sont point de celles qui puissent empoigner l'image, alors qu'elle doit être une arme de combat, alors qu'elle entend viser en plein visage un de ces grands de la terre qui s'exercent au métier de roi.

Alphonse. — Ma parole d'honneur, me voici pris par une révolution intérieure.

(*Pasquino*, de Turin, 8 août 1909.)

Et c'est pourquoi Alphonse allait être secoué vigoureusement, alors que Maura et Moret, alternativement présidents du Conseil, tous deux monarchistes convaincus, malgré les différences qui semblent les séparer, seront considérés comme quantité négligeable.

La guerre!

Entre l'Espagne et le Maroc; entre la révolution et la piraterie, situation peu enviable véritablement. Ici la bombe de l'anarchiste; là,

L'insurgé catalan. — A bas la guerre... Vive la paix universelle!...

(*Pasquino*, de Turin, 8 août 1909.)

le poignard du Marocain. Ah! si seulement le roi avait l'appui de tout son peuple!

— « Où allons-nous? » demande le jeune souverain, les yeux bandés, au jésuite qui le tient par la main et le conduit, tout droit, à l'abîme.

— « Vers le ciel! » répond Loyola.

— « Sapristi, comme l'on descend! » ne peut s'empêcher d'observer le monarque.

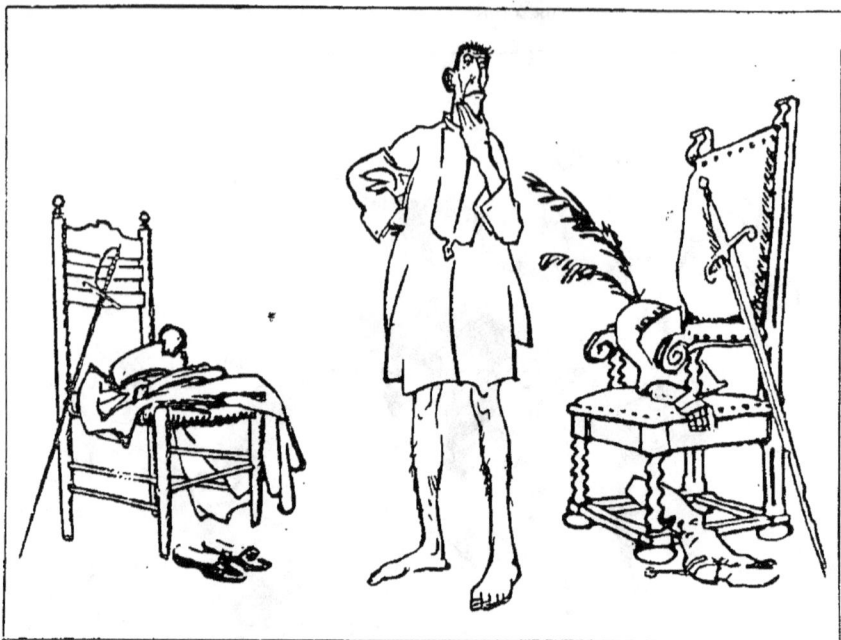

QUAND ON A LE CHOIX... DES ARMES

Alphonse. — Comment entrerai-je dans la lice, en torero ou en Don Quichotte.

Caricature de G. von Finetti (*Jugend*, de Munich, 17 août 1909).

Il descendra tant et et si bien qu'il finira par avoir les pieds dans le sang, sous prétexte de mieux écraser la révolte de Barcelone. Alors, la caricature deviendra âpre et violente; alors, l'image se fera le porte-parole de tous les esprits nobles et généreux; de tous ceux qui élevèrent la voix pour sauver la tête de Ferrer; de tous ceux qui protestèrent contre le monarque sanglant, contre les cléricaux et les jésuites qui exploitent si outrageusement l'Espagne.

« Grande est la différence » écrivait Paul Adam, « entre l'exaltation de ces jours et la fièvre timide qui secoua quelques révolutionnaires, lorsqu'en cette même forteresse de Montjuich, furent torturés les libertaires de Barcelone, il y a une quinzaine d'années. » De ce temps-là, les protestaires ne trouvaient où s'exprimer qu'en peu de feuilles anar-

COMBAT DE TAUREAUX

— Une fois encore, cet imbécile de taureau espagnol prend une fausse direction.

(*Ulk*, de Berlin, 20 août 1909.)

chistes, éparses dans les capitales, et pourvues de lecteurs en petit nombre. »

Telle l'affaire Dreyfus; tel sera le cas de Ferrer. Ce sera le soulèvement général de la conscience européenne; de cette conscience qui, ainsi que je l'ai fait remarquer ici même, semble être devenue le véritable tribunal de l'opinion publique.

« Le jour, » écrivait Alfred Naquet, apôtre toujours jeune, toujours vaillant du progrès et de la raison humaine, « où le roi d'Espagne et M. Maura auront eu l'audace de commettre ce crime abominable, ils auront creusé entre eux et la conscience du monde civilisé, en général, et de l'Espagne, en particulier, un tel fossé que la dynastie espagnole aura vécu. »

LES REMÈDES DU ROI ALPHONSE

— Majesté, l'Espagne manque d'éclat intellectuel.
- Fort bien ! Nous ferons exécuter Ferrer.

(*L'Asino*, de Rome, 3 octobre 1909.)

Alphonse XIII a signé la condamnation de Ferrer, et la monarchie espagnole, il est vrai, vit toujours.

Mais ce qui est certain c'est qu'il y a eu unanimité dans la réprobation ; c'est que la révolte de la conscience humaine a été générale, c'est que l'effort des hommes de cœur et d'intelligence a été unanime ; c'est que, au-dessus des haines et des violences des partis, les hommes

10

CELUI QUI SE REPOSE ET CELUI QUI SE PATINE

— Grâces te soient rendues, mon petit Alphonse; car, grâce à toi, je pourrai jouir
d'une certaine tranquillité relative, durant mon voyage en Italie.

(*Fischietto*, de Turin, 19 octobre 1909.)

de justice et de modération ont tenu, eux aussi, à faire entendre leur
voix.

Et voici les images; satires violentes et terribles contre
Alphonse XIII; contre ce souverain qui « a renoncé pour toujours à la
plus belle prérogative des jeunes princes pour manœuvrer, Dieu sait
avec quelle maladresse, le glaive, si lourd, de la justice militaire. »

« Toréador, prends garde! » disait la légende d'une caricature du
Pasquino, relative à la guerre du Maroc. « Et songe bien en combat-
tant, qu'un œil noir te regarde! »

L'œil noir! C'étaient, en l'occurence, les héroïques Catalans protestant contre cette expédition d'Afrique destinée à la conquête des

TACHES DE SANG ESPAGNOLES

— « C'est incroyable, vraiment, quelles taches peut faire le sang d'un homme! »

Caricature de Jordaan (*De Notenkraker*, d'Amsterdam, 23 octobre 1909).

mines riffaines; montrant publiquement à la face de l'Europe, que malgré les autodafés de l'Inquisition, l'Espagne compte encore des mar-
tyrs héroïques prêts à se faire fusiller.

Ils l'ont été!

Et les images ici reproduites prouvent victorieusement que si ces
héros furent calomniés par le chef du gouvernement, alors Maura, et
par le roi lui-même, tout ce que l'Europe compte de crayons libres et
indépendants se leva contre Alphonse XIII rendu responsable des
infamies de ses ministres; contre Alphonse XIII laissant se commettre
emprisonnements arbitraires, tortures physiques et morales, exécu-
tions sommaires.

Cédant aux passions haineuses de ceux qui l'entourent et le con-

LA TEMPÊTE DÉCHAINÉE

Philippe II (à Alphonse). — Tu n'aurais pas dû le faire en cachette! Moi je donnais à mes autodafé l'aspect de véritables solennités publiques.

Composition de Johann Braakensiek (*Weekblad voor Nederland*, d'Amsterdam, 24 octobre 1909).

scillent, Alphonse XIII a pu faire fusiller Ferrer sous le couvert de la légalité, la caricature européenne lui a répondu en le mettant au ban de l'Humanité.

Sentant le terrain lui échapper, s'apercevant, un peu tardivement, qu'il avait contre lui tout ce qui compte en Europe, comme centres intellectuels ou comme centres politiques; il a pu arracher moyennant finance, aux journaux qui vivent de ces sortes d'affaires, les interviews que tout le monde a pu lire; rien ne prévaudra contre la réalité sanguinaire des images ici reproduites: *La mer Rouge de Barcelone, le Souverain vivant en paix avec son peuple, la Couronne tombée dans le sang*. Certes, il eut des ancêtres en cruauté, mais ces ancêtres auxquels on

SCHILLER DEVANT LE ROI ALPHONSE

— « A peine vingt-quatre ans d'âge, et déjà tant travaillé pour la mortalité ! »

Composition de A. Weisgerber (*Jugend*, de Munich, 2 novembre 1909).

le comparera, ces grands criminels qui s'appellent Philippe II et Ferdinand VIII, ont encore pour eux l'avantage d'avoir proclamé, affiché leurs *autodafés* au grand jour.

Et si, en une composition pleine d'amère philosophie, la caricature fait apparaître Charles-Quint, ce sera pour dresser l'acte de décès de l'Espagne d'Alphonse XIII.

« Le soleil ne se couchait jamais dans les États de mon Empire »
rappelle le grand Empereur, ce à quoi le petit roi est obligé de
répondre : « Le soleil ne se lève jamais dans mon royaume. »

La nuit perpétuelle ! les ténèbres de l'ignorance ; les crimes sangui
naires des modernes Torquemada !

« L'Espagne manque de lumière intellectuelle » fait remarquer
sur une image de *l'Asino* un de ces bouchers militaires comme la péninsule ibérique en compte quelques-uns. « C'est bien ! » répond
Alphonse : « Nous ferons fusiller Ferrer ! »

Et ce qui donne à toute cette imagerie une importance réelle, c'est
que les deux thèses : celle du charbonnier seul maître chez lui, libre de
fusiller ses sujets, si tel est son bon plaisir et si lesdits sujets se laissent faire — et, d'autre part, celle de la conscience humaine, celle de
l'Europe civilisée ayant un droit, tout au moins moral de s'insurger
contre ce singulier principe, s'y trouvent formulées, exposées de la
façon la plus nette.

A ce point d'interrogation qui se peut lire au-dessous d'une caricature de Braakensiek : « Qui donc en dehors de moi a le droit de
savoir les raisons pour lesquels il m'a plu de faire fusiller Ferrer? » les
crayons des pays les plus différents ont répondu :

L'Europe !

La conscience humaine !

Déjà plus d'une image, antérieure aux événements de Barcelone,
s'était complu à mettre en parallèle Alphonse et Nicolas : à la suite de
l'exécution de Ferrer, les crayons placeront au même niveau *les deux
bouchers de l'Europe*, et l'on verra Nicolas remercier chaleureusement son
cousin d'Espagne de ce qu'il peut, grâce à lui, aller effectuer son petit
voyage en Italie.

Et c'est ainsi que, par sa faute, le jeune premier de l'Europe, celui
dont les voyages et les aventures matrimoniales avaient amusé tous
les crayons, se voit cloué au pilori de l'Histoire, et gratifié pour sa
galerie de portraits-caricature d'une série d'images particulièrement
violentes ; — et cela, non point par parti pris, par haine du souverain
ou de la monarchie, mais bien parce que le descendant des Bourbons n'a
su se secouer ni de la tradition, ni des conseils perfides de son entou-

rage, perdant ainsi pour toujours l'occasion qui lui était offerte de se faire un grand nom dans l'histoire.

Il eût pu devenir *Alphonse le Magnanime*, *Alphonse le Généreux*; il a préféré se faire appeler dans l'Europe entière : *Alphonse le Bourreau*.

Puissent au moins ces images, en leur violente franchise, lui être de quelque utilité.

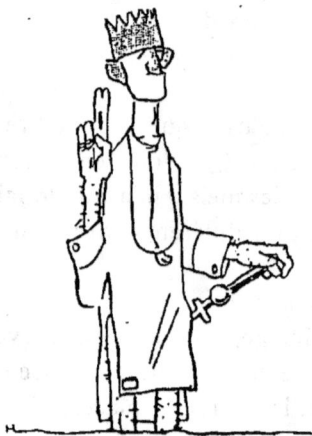

(*Jugend*, de Munich, 1909.)

I

Alphonse XIII intime

La chasse à la fiancée dans les cours étrangères. — Le voyage à Paris. — Les voyages à Berlin et à Vienne. — Ena de Battenberg : satires sur le changement de religion. — Alphonse XIII et la reine, dans leur intimité. — L'héritier du trône.

SITUATION NETTE

— Alphonse n'est plus un gamin... et la dévote gouvernante ne pourra plus longtemps s'opposer à ce que le jeune émancipé aille faire visite à la belle dame.

Caricature de Dalsani (*Il Fischietto,* de Turin, 11 juin 1904).

* La « belle dame » c'est la R. F., suffisamment reconnaissable à sa classique crête de coq.

GIBIER EN LIBERTÉ. — Alphonse, le chasseur amoureux.

Henri, le prince héritier. — Je veux, une fois encore, essayer.

(*Lustige Blätter*, de Berlin, 1905.)

* Sur l'enseigne de la baraque, on lit : Tir à la cible l'*Hymen,* pour les gens du haut.

NOUVELLE DONNÉE PAR LES JOURNAUX

— Durant son séjour à la Cour de Berlin, le roi Alphonse XIII dut, lui aussi, tuer un sanglier avec l'épieu. On arrangea les choses, pour cet hôte illustre, de façon à respecter l'étiquette espagnole en matière de chasse.

Caricature de O. Gulbransson (*Simplicissimus,* de Munich).

UN SIGNE DES TEMPS

— Mais sur ce point, tout spécialement, je dois attirer votre attention ; la princesse qui épouserait Sa Majesté devrait se convertir à la religion catholique.
— Tant mieux, tant mieux, Éminence !

Caricature de Bruno Paul (*Simplicissimus*, 1905).

DANS LA BELLE ESPAGNE

« Malheur au pays, dont le roi est un enfant! »
Salomon.

— Alphonse, le treizième, paraît ne vouloir souffrir aucun protestant; — cependant
de leurs princesses, il en est une qu'il recherche volontiers.

Caricature de F. Boscovits (*Nebelspalter,* de Zurich, 27 mai 1905).

° Allusion à la fermeture de l'Église protestante de Barcelone, et aux fiançailles du roi avec la
princesse de Battenberg.

A QUOI RÊVENT LES PARISIENNES?

— A qui le mouchoir?

Dessin de Gosé (*La Vie parisienne*, 27 mai 1905).

ALPHONSE XIII EN FRANCE

— Les socialistes doivent siffler? Qu'ils n'applaudissent pas! Les Parisiennes valent bien quelques sifflets !!

Caricature de Caronte (*Il Fischietto*, de Turin, 30 mai 1905).

11

UNE FILLE SÉRIEUSE

Alice Roosevelt. — Alphonse d'Espagne veut se marier. Une pareille union ne serait pas pour me déplaire. Tous deux, nous avons un nom commençant par un A : nous pourrions ainsi employer les mêmes mouchoirs de poche.

(*Ulk*, de Berlin, 2 juin 1905.)

* On n'ignore pas que certains journaux et, notamment le *New York Herald*, avaient parlé du mariage du roi d'Espagne avec Alice Roosevelt, ou quelque autre fille de milliardaire américain, comme d'une chose très possible. D'où la raison d'être de la présente caricature, plutôt mordante pour la jeune Roosevelt.

ALPHONSE XIII A PARIS

— A l'Élysée. La voiture de Sa Majesté est avancée!...

Dessin d'Abel Faivre (*Le Rire*, 3 juin 1905).

OLLÉ!...

Dessin de Roubille (*Le Cri de Paris*, 4 juin 1905).

LES FIANÇAILLES DE LA DUCHESSE DE CONNAUGHT

— Je veux bien, par amour, te sacrifier ma foi anglaise, mais, n'est-ce pas, Alphonse, je pourrais conserver mon tailleur anglais!

Caricature de Th. Heine (*Simplicissimus*, de Munich, 6 juin 1905).

' On sait qu'il avait été, un instant, question du mariage d'Alphonse avec la duchesse de Connaught, mais, cependant, cela n'alla point jusqu'à l'annonce officielle des fiançailles.

ALPHONSE XIII AUX VARIÉTÉS

Albert Brasseur: — Dis donc, Granier, on appelait Schneider le passage des Princes, on va t'appeler le boulevard des rois !

Dessin de Cappiello (*Le Rire,* Juin 1905).

UN MARIAGE ROYAL : ON APPORTE LA DOT DE LA FUTURE REINE

— *Alphonse XIII.* — O Ena !.... Ena !.. t'es pas une femme, t'es un trésor !

Dessin de F. Bac (*Le Rire*).

RÊVERIES

La Ville de Paris. — Mais, oui, je bâtis des châteaux en Espagne. Après avoir été le « Passage des Princes », je voudrais être « l'avenue de la Paix ».

Composition de Caran d'Ache (*Le Figaro*, 7 juin 1905).

LE DÉPART

M. Loubet. — Allons, Sire, montrez-vous courageux une fois de plus; embrassez la vieille garde-barrière!...

Composition de Léandre (*La Vie de Paris*, 8 juin 1905).

LA MUSE DE L'ALIMENTATION

— Vous héberger comme Muse, mademoiselle, et payer vos frais d'alimentation,
serait pour moi un royal bonheur!

Caricature de Koystrand (*Wiener Caricaturen*, de Vienne, 18 juin 1905).

* Le roi Alphonse fut, on le sait, félicité, à Paris, par les dames de la Halle, et il embrassa
la Muse de l'alimentation.

ET VOTRE ANE?

Croquis de Bernard Naudin (*Le Cri de Paris*, 29 octobre 1905).

LE ROI EST VENU CHASSER...

— Vous a-t-il semblé que Sa Majesté ait daigné se divertir ?
— Je te crois ! Il m'a promis le mariage..

Dessin de F. Bac (*La Vie parisienne*, 25 novembre 1905).

VIVE ALPHONSE !

— Pour la réception du roi d'Espagne, à Berlin, la *Pariserplatz* a été décorée, non point d'orangers, mais bien d'œufs, en souvenir du plus illustre concitoyen du roi; Christophe-Colomb. Les possesseurs desdits œufs formeront la haie en tenant en main les caisses dans lesquelles ils se trouvaient.

(*Ulk*, de Berlin, 3 novembre 1905.)

---

* Et, comme l'on voit, les braves *coquetières*, suivant le vieux mot français, présentent les armes avec les caisses sur lesquelles on lit : *œufs frais*.

ALPHONSE A BERLIN. IL FAUT QUE JEUNESSE SE PASSE

— Oh! comme je me suis amusé, cher cousin, Empereur et Roi; mais combien plus encore je me suis diverti à la revue de tant de corps magnifiques d'infanterie, de cavalerie, d'artillerie, succédant à certaines revuettes... à la française, de certains beaux corps de... femmes légères.

Caricature de Caronte (*Fischietto*, de Turin, 11 novembre 1905).

— J' te parie que si le petit roi d'Espagne avait vu mes mollets, il ne serait pas allé
à Berlin.

Croquis de Pezilla (*L'Indiscret*, Novembre 1905).

LE ROI ALPHONSE A VIENNE

Alphonse (plongé dans la contemplation des belles Viennoises). — Pour une faveur, je voudrais bien que le Seigneur me fît la grâce de me permettre, des années durant, de me chercher une fiancée de cette espèce.

Caricature de Koystrand (*Wiener Caricaturen*, de Vienne, 12 novembre 1905).

CERCLE (A VIENNE)

— Et quoi, hé! hé!... les femmes exclues, hé! hé!... j'entretiendrai toujours avec l'Autriche les rapports les plus affectueux, hi! hi!

Composition de Otto Frey (*Die Bombe,* de Vienne, Novembre 1905).

L'ODYSSÉE ESPAGNOLE OU ALPHONSE A LA CHASSE AUX FIANCÉES
— Promené de Charybde en Scylla, le martyr divin rentre seul dans sa patrie.
Caricature de G. Brandt (*Kladderadatsch,* de Berlin, 26 novembre 1905).

12

CHANGEMENT DE CHEMISE

— Et quelle raison capitale donnez-vous, Ena de Battenberg, à votre nouvelle croyance?
— Qu'il faut conserver au peuple sa religion!

Caricature de Feininger (*Ulk*, de Berlin, 12 janvier 1906).

LES PLUS GRANDES JOIES D'ALPHONSE

— Oncle Édouard, maintenant je suis roi comme toi; comme toi, j'ai été également à Paris, je connais, là, les mêmes adresses que toi et je vais encore avoir, en plus, une femme; — tout comme toi.

(*Wiener Caricaturen*, de Vienne, 4 février 1906.)

* Caricature destinée à montrer la place considérable tenue dans le monde par Édouard, tout en ridiculisant le jeune souverain qui cherche à établir des points de comparaison entre lui et Édouard.

FIERTÉ ESPAGNOLE

— Notre nouvelle reine change de foi comme de chemise. Moi pas, je ne change
pas de religion, et de chemise, non plus.

Composition de Rudolf Wilke (*Simplicissimus*, de Munich, Février 1906).

ENA AU BAIN (*vulgo* : le bain de l'âme).

La princesse Ena de Battenberg. — Il me faut revêtir un nouvel être, m'a dit le Père confesseur. Shoking ! toutefois, je suis curieuse de voir si Madrid vaut qu'on change de chemise pour elle...

Caricature de F. Boscovits (*Nebelspalter*, de Zurich, Février 1906).

°Sur l'eau du bain on lit : *Conversion.*

MARIAGES PRINCIERS

— Un mariage princier, en cas de « non-consommation », doit être considéré comme dissous ; c'est pourquoi la princesse de Battenberg s'est convertie au catholicisme avec la rapidité d'un train express, afin de pouvoir épouser le roi Alphonse.

Caricature de Koystrand (*Wiener Caricaturen,* Mars 1906).

* Plusieurs caricatures autrichiennes insistent sur cette question du mariage religieux.

TENTATION ET SAINTE FIN DE LA SAGE HEL-ENA DE BATTENBERG

Interprétation libre d'après *la sage Hélène*, de Wilhelm Busch.

— 1. Non, s'écria *Hel-Elena*, je veux prier et je ne me soumettrai pas au pape.

— 2. Et elle se mit à prier, insensible à son voisinage, ce qui affermit sa foi.

— 3. Mais voici que subitement — fi donc! — le livre de la liturgie anglicane ne lui dit plus rien.

— 4. Et, tout aussitôt, elle entend, émergeant des nuages, la voix d'Édouard qui lui crie : « A ta santé, Alphonse, prends-la! »

(*Kladderadatsch*, de Berlin, 11 mars 1906.)

TROIS FEMMES POUR UN MARI

— Laquelle choisira-t-il? De l'archiduchesse Marie-Thérèse d'Autriche? De la princesse Victoria-Ena de Battenberg? Ou de la princesse Patricia de Connaught?

Caricature de Weal (*Album de la Vie de Paris*, Juin 1906).

FIANÇAILLES

— Je t'aime. Tu m'aimes. Nous nous aim...

Caricature de Weal (*Album de la Vie de Paris*, Juin 1906).

L INITIATION

« Alphonse XIII embrassa joyeusement
Mlle B... qui lui rendit son baiser. »

(*Les journaux*, 31 mai 1905.)

— Voyage du roi d'Espagne à Paris.

Caricature de Weal (*Album de la Vie de Paris*, Juin 1906).

LA CONFESSION DU ROI

— Sire, Dieu seul est grand... Mon fils, repentez-vous...!

Caricature de Weal (*Album de la Vie de Paris*, Juin 1906).

APRÈS

— Le Roi boit, vive le Roi !

Caricature de Weal (*Album de la Vie de Paris*, Juin 1906).

LA CROISIÈRE D'ALPHONSE ET D'ENA

— Enfin, seuls !

Caricature de Gaido (*Pasquino,* de Turin, Juin 1906).

FÊTES TOUT A FAIT RÉJOUISSANTES, A MADRID, POUR LE MARIAGE ROYAL.

Le maître des cérémonies. — Combien délicieusement notre jeune reine s'amuse! Dommage que nous ne puissions pas lui offrir un petit autodafé de sorcières.

Composition de E. Graetz (*Der Floh*, de Vienne, Juin 1906).

AMOUR DE NIÈCE

— As-tu encore un désir, ma petite Ena ?

— Oh oui ! Aller le plus tôt possible rendre visite à oncle Édouard !
Maintenant que je suis mariée, je pourrais, au moins, écouter quand il raconte ses
joyeuses histoires.

(*Ulk*, de Berlin, 15 juin 1906.)

JOURS DE FÊTES MADRILÈNES

— N'est-ce pas charmant, Ena, sur le giron de l'Église de tous les saints? On se trouve, là, si bien à l'abri des bombes!

Caricature de F. von Reznicek (*Simplicissimus*, de Munich, 18 juin 1906).

CACHUCA-CONCERT A COWES POUR ALPHONSE, PAR LA CÉLÈBRE
SENORITA EVELINA DI GUISCA ET CETERA

(*Ally Sloper's Half Holiday*, de Londres, 11 août 1906.)

Le roi d'Espagne est assis sur le devant, avec la reine. Derrière lui sont le roi Édouard, la reine d'Angleterre, le prince et la princesse de Galles. Sur le bateau, Ally Sloper, le type en qui s'incarne le journal, costumé pour la circonstance en Espagnol.

13

MORALE DIVINE OU BIEN SERVILITÉ

« — Le premier fils du roi Alphonse XIII naquit de la fille d'une intendante de ses châteaux.

(*Les Gazettes.*)

« — La reine Victoria d'Espagne vient d'accoucher heureusement. Le saint-sacrement est resté exposé pendant toute la durée de l'accouchement. »

(*Les mêmes.*)

Cardinal Rinaldini. — Sire, celui-là seul est véritablement votre fils et successeur que Dieu lui-même a béni !

Caricature de Weal (*La Gazette de la Capitale et du Parlement*, 19 mai 1907).

L'HERCULE ESPAGNOL

« L'héritier du trône est extraordinairement lourd, grand et fort; et il a un thorax prodigieusement développé. Ses traits accusent de façon très prononcée le type anglais. »

(*Lokal Anzeiger.*)

— Alphonso-Pio-Christino-Edoardo-Francisko-Guillulmo-Karlos-Enrique-Eugenio-Fernando-Antonio-Venancio, Prince des Asturies.

(*Kladderadatsch*, de Berlin, 26 mai 1907.)

L'AMI DU PEUPLE

« Alphonse XIII va bientôt être père pour la seconde fois. »

(*Les Journaux.*)

— Et dire que je trouve encore le temps de gouverner !...

Caricature de L. Feininger (*Le Témoin*, 24 août 1907).

CHOSES D'ESPAGNE

Alphonse. — Cela dure, il faut l'espérer, une paire de semaines; après quoi, c'est le peuple qui le nourrit.

(*Der Wahre Jacob*, de Stuttgart, 1907.)

NOS PLUS NOTOIRES TÊTES COURONNÉES

— Et allez donc! La reine n'est pas ma mère.

Croquis de A. Roubille (*Le Cri de Paris*, 19 avril 1908).

II

Alphonse XIII
et les affaires politiques

La guerre avec les États-Unis pour Cuba. — Le cléricalisme et le Kulturkampf en Espagne. — Alphonse XIII et Édouard VII. — Alphonse XIII et Fallières. — Les affaires du Maroc. — Les bombes anarchistes. — Alphonse XIII et ses collègues, les monarques. — Alphonse XIII pris entre les dangers de la guerre marocaine et les soulèvements de Barcelone. — L'imagerie européenne contre lui.

— Bravo, sergot Sam ! (L'oncle Sam est ici, déguisé en sergent de ville.)

UNE ROYALE INDIGESTION. TROP FAIBLE POUR FUMER LE CIGARE !

Caricatures de G. Julio (*La Réforme*, de Bruxelles, 20 mars et 21 juin 1898).

DEUX REPROCHES

L'esprit de Christophe Colomb. — Petite Majesté, pourquoi as-tu si mal gouverné Cuba?

Alphonse XIII. — Pourquoi as-tu découvert l'Amérique?

Composition de van Geldorp (*Neerland's Weekblad*, d'Amsterdam, 30 avril 1898).

L'ESPAGNE ET SA FLOTTE

Maarten Harpertz Tromp, le célèbre amiral hollandais (au roi d'Espagne) :
— Majesté, nous allons voir, maintenant, si la petite leçon que j'ai donnée.
il y a deux siècles et demi, à vos amiraux, près de Duins, a produit son effet.

Composition de Johann Braakensiek (*Weekblad voor Nederland*,
d'Amsterdam, 1 mai 1898).

LES ÉTATS-UNIS D'AMÉRIQUE ET L'ESPAGNE

L'oncle Sam. — Petite Majesté, j'ai déjà le « Manille », donnez-moi aussi ce « Havane ». Croyez-moi, ce sera une excellente chose pour votre propre santé.
Composition de Johann Braakensiek (*Weekblad voor Nederland,*
                                        d'Amsterdam, 8 mai 1898).

L'ANGLETERRE ET L'ESPAGNE

Alphonse (à sa mère). — Maman, c'est ça l'homme dangereux de Gibraltar?

Caricature de Johann Braakensiek (*Weekblad voor Nederland*, d'Amsterdam,
7 juillet 1904).

L'ESPAGNE ET SES AMOUREUX

(*Der Wahre Jacob*, de Stuttgart, Juillet 1901.)

° Le prolétariat, l'Église, le capitalisme et la monarchie,... cette dernière représentée par le petit Alphonse qui joue de la mandoline.

BERLINOIS A MADRID

— « Ici, en Espagne, vous êtes, assurément, plus tolérants qu'en Prusse. Là, tout près de nous, caracole un officier juif, Dieu sait combien !
— « Que voulez-vous dire? — C'est notre roi ! »

Composition de D. Galanis (*Lustige Blätter*, de Berlin, 2 septembre 1903).

ESPAGNOLERIES

Alphonse. — Le rouge est assurément plus joli mais un peu trop... turbulent; je préfère décidément le noir.

Caricature de Stern (*Die Ausler*, de Munich, 15 novembre 1903).

EFFLUVES DE PRINTEMPS

Caricature de F. Boscovits (*Nebelspalter*, de Zurich, 23 avril 1904).

« Alphonse XIII accomplissant ses premiers pas, comme souverain, sous la conduite des jésuites.

14

LA CHAPELLE PROTESTANTE A BARCELONE

— S'il se développe encore plus dans cette voie, il nous donnera beaucoup de satisfaction.   Caricature de Brandt (*Kladderadatsch*, de Berlin, 4 juin 1905).

— Sautez sans appuyer... Bravo, petit roi; voilà la véritable voie!

Caricature de Cinirin (*Fischietto*, de Turin, 1902).

— Les velléités anticléricales d'Alphonse avaient été la conséquence naturelle de ce moment psychologique qu'on appelle la lune de miel...

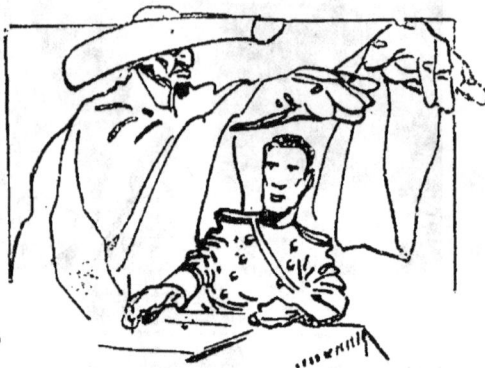

— Et la preuve... c'est que, maintenant, les saintes mains de Loyola se sont posées, à nouveau, de belle façon, sur la tête bizarre du jeune souverain.

(*Fischietto*, de Turin, 29 janvier 1907.)

DANS LE PAYS DE DON BASILE

— Ah, monsieur Loubet. nous parlons sans cesse, mon royal allié et moi, de votre beau pays de France.

Caricature de H.-G. Ibels (*Pasquino*, de Turin, 29 octobre 1905).

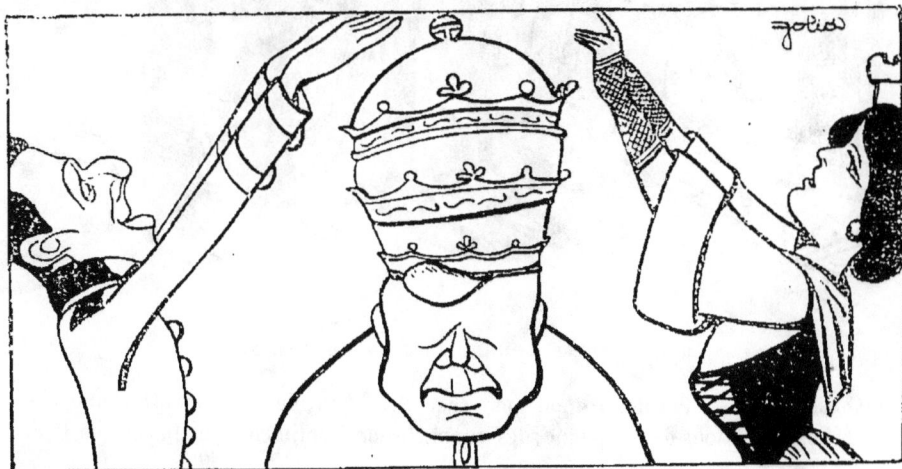

L'OBSTACLE

— Donne-moi la main, cher petit Alphonse !
— Impossible, à cause de la *tiare*.

Caricature de Golia (*Pasquino*, de Turin, 1905).

LE PRÉSIDENT LOUBET CHEZ ALPHONSE XIII

Alphonse XIII. — **Permettez-moi, mon cher Président, de vous montrer une des plus belles attractions de l'Espagne; les suppliciés de Montjuich et les fusillés de Barcelone...**

Loubet. — Pauvres victimes!...

Alphonse XIII. — Pas du tout!... C'était de sales socialistes...

(*Les Corbeaux*, de Bruxelles, 5 novembre 1905.)

KULTURKAMPF EN ESPAGNE

— Que l'ordre sauvage (c'est-à-dire les jésuites), ici aussi, s'élance à l'assaut de la société (figurée ici par le taureau), les drôles qui s'avancent le montrent suffisamment aux Espagnols !

Caricature de Wilke (*Figaro*, de Vienne, 15 septembre 1906).

LE KULTURKAMPF EN ESPAGNE

La France. — Bravo! Alphonse, lutte courageusement contre le taureau noir qui a écrasé toutes les bonnes semences.

Caricature de Laci von F. (*Humoristische Blätter*, de Vienne, 14 octobre 1906).

— Il n'était pas difficile de prévoir ce qu'il en serait, de la sincérité de l'anticléricalisme bourbonien... Un message royal révoque un certain décret du 27 août 1906 entaché de... jacobinisme.

POUR LA PAIX DU ROI (Prévisions constitutionnelles)

Maura. — Quand nous serons arrivés à dominer cette bête, vous verrez, Majesté, que nous gouvernerons mieux !...

(*Fischietto*, de Turin, 1907 et 1908.)

° Les cocottes en papier, que le ministre Maura fait évoluer, représentent les journaux libéraux.

LE MOLOCH CATHOLIQUE ROMAIN

— L'Église a un formidable estomac — elle avale les chefs d'État comme de simples huitres.

(*Neue Glühlichter*, de Vienne, 17 juillet 1907.)

CHOSES D'ESPAGNE

(A propos de la lutte de l'État contre l'Église.)

Le pape. — Toi aussi, mon fils. — Alphonse?

(*Neue Glühlichter*, de Vienne, 24 octobre 1906.)

ENFIN SEULS!

« Les deux souverains se retirèrent en un salon, et ce fut l'unique moment, où ils purent être seuls! »   *(Les journaux.)*

— Oh! mon cher petit Alphonse, nous voici enfin seuls!
— Le vrai moment pour ne pas parler politique!

Caricature de Faido (*Pasquino*, de Turin, 14 avril 1907).

APRÈS LA RENCONTRE AVEC LE ROI ÉDOUARD, A CARTHAGÈNE

Le roi Alphonse. — Vois-tu, chère petite femme, le soleil, maintenant, ne se couchera plus jamais dans mon royaume, mais ses rayons, depuis Charles-Quint, se sont sensiblement modifiés.

Caricature de Laci von F. (*Humoristische Blätter,* de Vienne, 21 avril 1907).

A CARTHAGÈNE

Alphonse. — Oncle, donnez-moi quelques-uns de ces jolis navires. Vous en avez tant !
Oncle Édouard. — Si tu me promets de me les rendre immédiatement, et intacts, aussitôt que j'en aurai besoin, je te les laisserai volontiers pour jouer.

Croquis de André Vlaanderen (*De Nederlandsche Spectator*, de La Haye, 1907).

* Cette image, comme la suivante, fait allusion aux conseils politiques donnés par le roi Édouard à son jeune parent et allié pour l'engager à rendre à l'Espagne ce qu'elle a perdu, une flotte assez puissante qui puisse lui permettre de reprendre place parmi les États européens. Et le dessinateur a donné, ici, au roi Édouard le facies rusé d'un vieux loup de mer.

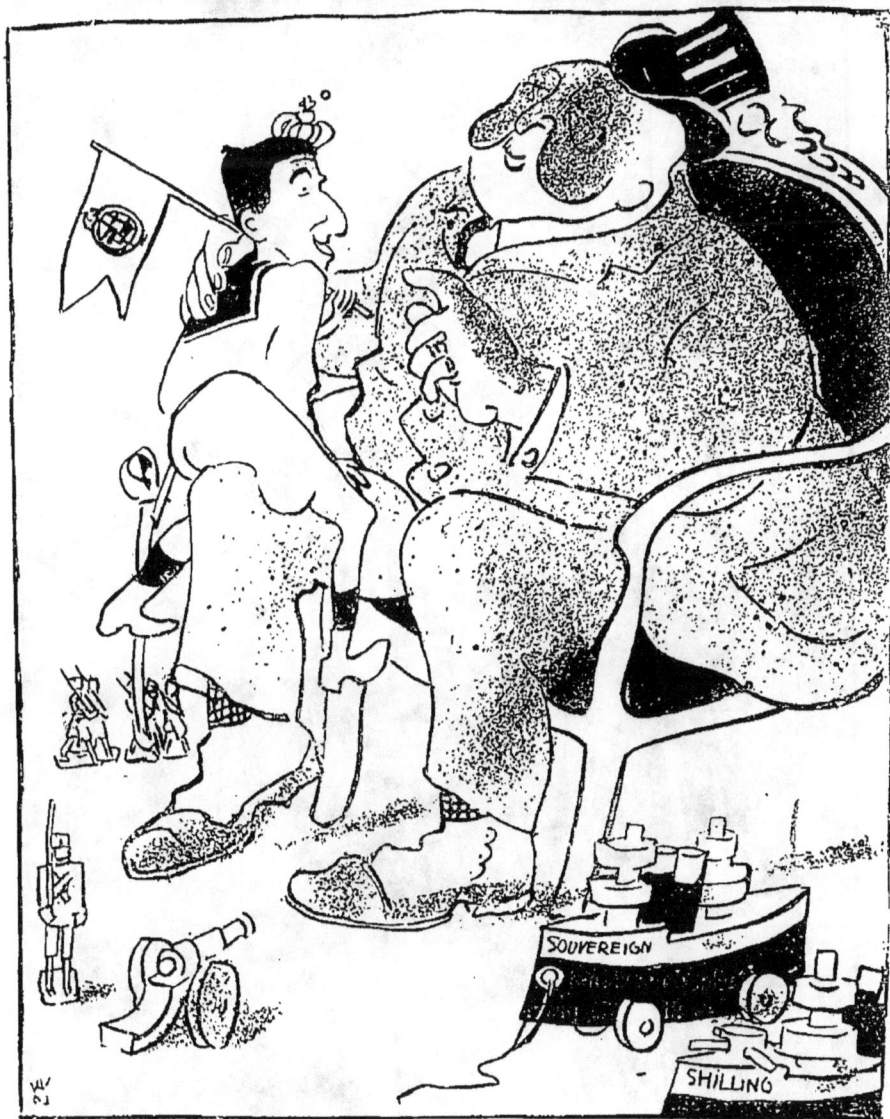

LE CHANT DU DÉSARMEMENT (CHANTÉ AU JEUNE ALPHONSE PAR ONCLE ÉDOUARD)

— « Qui veut prendre part aux délibérations du congrès de La Haye doit avoir un fusil — un fusil chargé de poudre, et à balle.

« Ensuite, avec le temps, il se procurera un beau vaisseau cuirassé — un beau vaisseau cuirassé — de façon qu'il puisse tirer et aussi naviguer — s'il prenait à Willy (Guillaume II) envie de faire la guerre !

Enfant, souviens-toi de cette chanson,
Car je te donne crédit.
Hopp! hopp! hopp!

Caricature de A. Weisgerber (*Jugend*, de Munich, 23 avril 1907).

AMITIÉ ESPAGNOLE, HOURRAH! BRAVO!

—Quand nous fûmes, tout récemment, à Carthagène, nous avions des vêtements neufs, culottes et ganses, le tout destiné à resserrer notre amitié. Bas écossais et espagnols, — hourrah! bravo! — doit porter le roi!

Caricature de Stern (*Lustige Blätter*, de Berlin, 1907).

LE [NOUVEAU [ROI DES AULNES

— Qui chevauche si tard à travers la nuit et le vent? — L'oncle Edi avec son enfant!
Il le tient bien solidement dans son bras, et derrière lui court, à fond de train, une
bande d'aboyeurs (les journaux).

(*Nebelspalter*, de Zurich, 4 mai 1907.)

LA NOUVELLE TRIPLICE

— Les Trois Grâces : — Edi (Édouard VII), Alphonse XIII et Fallières.

Caricature de F. Boscovits (*Nebelspalter*, de Zurich, **22** juin **1907**).

· Trois Grâces dont une maigre, suivant le classique jeu de mot graphique, que tous les dessinateurs aimeront tant à employer.

15

MIMILE ET FONFONSE

— Siro, veuillez accepter cette pomme !...
— Muchas gracias ! Et quand usted viendra à Madrid, il y aura peut-être des grenades !...

Caricature de Gravelle (*Le Grelot*, 11 juin 1905).

VIVA REPUBLICA! Y VIVA MONARQUIA!!!

— Notre mission, c'est le bonheur des peuples!... Donc, en avant deux, le pas du sans-
souci!

Caricature de Gravelle (Le Grelot, 24 septembre 1905).

LES NOUVEAUX AMIS DE LA FRANCE

Caricature de Orion (*Uilenspiegel*, de Rotterdam, 11 novembre 1905).

* Le personnage au milieu doit figurer Fallières : il est bon de le faire remarquer, car il n'est pas d'une ressemblance frappante.

A LA COUR D'ESPAGNE

Alphonse. — Monsieur Kuyper, j'ai beaucoup entendu parler de vous, et depuis longtemps. J'étais fort désireux de faire votre connaissance. J'apprécie de plus votre visite, car vous ne devez pas ignorer que je suis le descendant et l'héritier direct de Philippe II.

Kuyper. — Ça ne nous empêche pas d'être de bons amis, Sire. Votre Majesté doit bien penser que, quoique calviniste, je n'éprouve aucune inimitié envers Rome. Bien au contraire, je suis au mieux avec Rome. L'antithèse nous unit étroitement.

Alphonse. — Excellence, je tiens à vous offrir quelque marque de distinction: je vous laisse le choix entre la Toison d'Or et le titre de Grand d'Espagne de première classe.

Kuyper. — Sire, je m'en remets à votre bienveillance, l'une m'étant aussi chère que l'autre.

Caricature de Orion (*Uilenspiegel,* de Rotterdam, 2 juin 1906).

° Quoique cette image vise personnellement Kuyper, le ministre hollandais qui fit quelque peu parler de lui, le fait qu'Alphonse s'y trouve au premier plan, permet de la faire figurer parmi les caricatures relatives au roi d'Espagne.

LA CONFÉRENCE MAROCAINE

— Pour casser les noix les plus dures, que faut-il? — Tout simplement une grande bouche ou de bonnes dents!

Caricature de L. Stutz (*Kladderadatsch*, de Berlin, 31 décembre 1905).

ALGÉSIRAS

— Une fois la table débarrassée, le roi Alphonse se trouve réduit à boire les fonds de bouteilles que la France lui laisse pour certains services précis de domesticité.

Caricature de Bruno Paul (*Simplicissimus*, de Munich, 9 avril 1906).

* Toutes les caricatures allemandes visant Alphonse XIII n'ont *jamais* manqué d'exprimer en termes suffisamment clairs qu'elles le considéraient comme quantité négligeable.

LES DEUX ALLIÉS AU MAROC

— Sus aux Sarrasins! Non pour la gloire de Dieu, mais pour on ne sait quel dieu lare du commerce!

Caricature de Golia (*Pasquino*, de Turin, 6 décembre 1906).

JOUJOU MAROCAIN

Muley Hafid. — Je suis assis sur une pierre brûlante; qui m'aime reste chez soi!

Caricature de F. Boscovits (*Nebelspalter*, de Zurich, 5 septembre 1908).

* Au premier plan, le général d'Amade et Alphonse XIII.

— Il faut qu'une porte soit ouverte ou fermée... Moi, je la préfère fermée!

Caricature de Weal (*La Vie de Paris*, 24 septembre 1908).

INSTANTANÉ DU SÉJOUR D'ALPHONSE A BARCELONE

* Tandis que sur la rive le peuple l'attend, prêt à l'acclamer, avec des canons braqués sur lui. Alphonse, prudemment, se met à l'abri derrière la flotte autrichienne.

(*Kikeriki*, de Vienne, 13 février 1906.)

TÉLÉPHONE PÉTERSBOURG-MADRID

— Comment? Attentat prémédité sur le cortège, au sortir de l'Église?
— Condoléances pleines de sympathie! — Seul moyen pour l'avenir : ne plus tracer
par avance aucun plan précis pour quelque acte de la vie que ce soit.

(*Figaro*, de Vienne, 9 juin 1905.)

APRÈS L'ATTENTAT

Ena à Alphonse. — Alors, c'est pour cela que j'ai abdiqué ma foi!

(*Wiener Caricaturen*, 10 juin 1906.)

° Il semble assez naturel, au lendemain du mariage agrémenté de bombes non prévues dans le programme, que la reine ait eu un moment de regret! C'est pourquoi cette caricature peut être considérée comme un document traduisant exactement l'état d'âme de la souveraine.

PERSPECTIVE DÉSAGRÉABLE

— Si ces bombes de mariage deviennent à la mode, les rois, très certainement, ne trouveront plus de fiancées.

(*Neue Glühlichter*, de Vienne, 20 juin 1906.)

LE NEZ FAISANT OFFICE DE PARATONNERRE

La mort qui guette. — J'ai beau faire, et m'y prendre de toutes les façons, chaque fois que j'aperçois le petit Alphonse, un fou rire s'empare de moi.

(*Nebelspalter*, de Zurich, 16 novembre 1907.)

LE CŒUR DANS LES CULOTTES

— Depuis l'attentat contre le roi de Portugal, quelques-uns des grands de la terre ne peuvent plus placer qu'ainsi la main sur leur cœur.

(*Kikeriki*, de Vienne, 13 février 1908.)

ENTRE COLLÈGUES
— Impossible de fréquenter cet homme-là — on n'a pas dirigé contre lui le plus petit attentat !

(Süddeutscher Postillon, de Munich, Février 1908.)

* L'homme avec lequel on ne saurait se commettre, c'est Pierre de Serbie. Au premier rang des souverains *touchés* et *éclopés* se trouve Alphonse.

ROIS EN VOYAGE

Alphonse. — O ce peuple fidèle de Barcelone ! Tous ont des armes en main, et aucun ne tire sur moi !

(*Ulk*, de Berlin, 27 mars 1908.)

CONGRÈS DES MONARQUES CONTRE L'INSTABILITÉ DE LA FONCTION

— « Si Vos Majestés sont au complet, il leur faudrait au moins faire admettre, en suite de l'évènement norvégien, qu'il serait nécessaire d'obtenir de nos peuples un plus long délai de résiliation. »

Caricature de O. Gulbransson (*Simplicissimus*, de Munich, 27 juin 1905).

A LA CONFÉRENCE DE LA PAIX

Edi. — Venez, enfants : avec celui-là il n'y a plus rien à faire; laissons le pauvre Michel (c'est-à-dire l'Allemagne) étouffer dans son canon et avec tous ses jouets.

Caricature de W. Lehmann (*Nebelspalter*, de Zurich, 28 juin 1907).

° Alphonse se trouve devant Edouard et Marianne, suffisamment reconnaissable à ses lèvres lippues.

PHARISIENS !

Chœur des inquiets. — « Je te remercie, Seigneur, de ne pas être comme celui-là! »
Caricature de J.-F. Boscovits (*Nebelspalter*, de Zurich, 8 février 1908).

« *Celui-là* c'est le roi de Portugal, que l'Histoire, écartant un rideau, montre victime de l'assassinat.

LA MAPPEMONDE DE LA POLITIQUE EUROPÉENNE

(*O Seculo*, de Lisbonne, 20 août 1908.)

ENTREVUE HISTORIQUE
(Alphonse XIII et Manuel II.)
(*O Seculo,* de Lisbonne, 18 mars 1909.)

Le sultan du Maroc. — Ces deux-là me paraissent s'évertuer à m'expliquer les articles
de la Convention d'Algésiras qui proclament : « Le Maroc est et sera un pays libre
et indépendant. »

(*O Seculo*, de Lisbonne, 29 juillet 1909.)

ALPHONSE EN DANGER

— Edi (Édouard), Marianne, au secours! Où donc êtes-vous? Ah! combien mieux qu'avec vous j'aurais dû faire alliance avec mon peuple! »

Caricature de E. Wilke (*Jugend*, de Munich, 3 août 1909).

THÉATRE ESPAGNOL DE LA COUR ET DE LA NATION

Le petit Alphonse (sortant la tête de derrière les arènes du combat). — La comédie a l'air de se transformer en une réalité sanguinaire. Si cet être malfaisant transperce ma Carmen, dois-je le dire à maman?

Caricature de F. Boscovits (*Der Nebelspalter*, de Zurich, 7 août 1909).

LE MODERNE DON QUICHOTE

— Allant prendre en personne le commandement de l'armée espagnole.

(*Kikeriki*, de Vienne, 12 août 1909.)

LE SOUVERAIN LE PLUS CATHOLIQUE

— Le roi Alphonse... et son précepteur?

Composition de Pala[?] Larga (*L'Asino*, de Rome, 1[?] août 1[?][9]).

VERS L'ALARME

Alphonse XIII. — Où allons-nous ?
Le jésuite. — Vers le ciel !
Alphonse XIII. — Sapristi, comme l'on descend !

Composition de H.-G. Ibels (*Weekblad voor Nederland*, Amsterdam, Août 1909).

SITUATION PÉRILLEUSE

L'Europe. — En voilà encore un, là-derrière, qui ne me paraît pas très solide.
Alphonse. — Véritable tour de force! Où je suis accroché, c'est là qu'il y a le plus de tangage.

Caricature de G. Brandt (*Kladderadatsch*, de Berlin, 15 août 1909).

MEMENTO

— Ici, messieurs, vous avez devant vous les plus terribles des choses peu intéressantes de ce monde.

(*Ulk*, de Berlin, 30 juillet 1909.)

* Et le conducteur du mail-coach montre à ses Anglais d'occasion qui se trouvent être les souverains les plus menacés d'Europe, — parmi lesquels Alphonse XIII. — la cage de Mohammed-Ali et de Abdul-Hamid.

ENTRE L'ESPAGNE ET LE MAROC

Alphonse. — Saint Ignace, comment résister à deux taureaux mugissants!

Caricature de Stern (*Lustige Blätter*, de Berlin, 15 août 1909).

COSAS DE ESPAÑA

— Le prix d'une victoire !...

(*O Seculo*, de Lisbonne, 26 août 1909.)

17

L'AFFAIRE FERRER

« Tout le tort de Ferrer est d'avoir consacré
sa fortune, considérable, à l'éducation et à
l'instruction du peuple espagnol.

Les Gazettes.

L'Alphonse des Cours étrangères. — L'éducation du peuple, c'est la condamnation des
rois.

Caricature de Weal (*La Gazette de la Capitale*, 18 septembre 1909).

LE SOSIE D'ALPHONSE

— Caramba ! Quel spectre me présente la glace ! Je ressemble comme deux gouttes d'eau à mon collègue, le tyran !

(*Pasquino*, de Turin, 26 septembre 1909.)

LA MER ROUGE DE BARCELONE

— La monarchie espagnole vit à nouveau en paix avec ses sujets.

(*Der Wahre Jacob*, de Stuttgart, Octobre 1909.)

I. *Alphonse XIII.* — C'est cela, mes enfants. Et maintenant, faites un plaisir à votre roi; tirez vigoureusement sur vos pères et mères. Un! Deux!

II .... et trois!

(*Süddeutscher Postillon,* de Munich.)

S. E. TORQUEMADA

Alphonse. — Voulez-vous accepter le mandat?
Torquemada. — Volontiers, les rouages du gouvernement sont encore en excellent état.

(*Pasquino.* de Turin, 3 octobre 1909.)

LES ACCIDENTS DU JOUR : EN ESPAGNE

— Le roi Alphonse renonce pour toujours à la plus belle prérogative des jeunes princes élevés à bonne école, celle de la grâce, pour brandir, avec quelle maladresse, le glaive si lourd de la Justice militaire... il a attrapé, pour ses débuts, une blessure d'une profondeur telle qu'il s'en guérira difficilement.

Caricature de Caronte (*Fischietto*, de Turin. 16 octobre 1909).

LA RÉHABILITATION DE NICOLAS

— Grâces te soient rendues, Alphonse, tu m'as réhabilité !...

Caricature de Golia (*Pasquino*, de Turin, 17 octobre 1909).

—!

(Pasquino, de Turin, 17 octobre 1909.)

LA MORT DE FERRER

Alphonse. — Qui, en dehors de moi, ose s'occuper de la raison pour laquelle je le tue?
Composition de Johann Braakensiek (*Weekblad voor Nederland*.
d'Amsterdam, 17 octobre 1909).

SACRIFICE ESPAGNOL

— « Aujourd'hui encore, toute une fournée ! Que le Seigneur daigne l'accepter !

— « Faites excuse; Votre Majesté se trompe, ce ne sont point les condamnations à mort, mais bien la liste de nos pertes en Afrique. »

Caricature de Ehrich Schilling (*Simplicissimus*, de Munich, 25 octobre 1909).

LA TACHE

Maura. — Même en me débarquant, vous ne l'enjamberez pas.

(*La Gazette de la Capitale.* 30 octobre 1909.)

Charles-Quint. — « Dans mon Empire, le soleil ne se couchait jamais. »
Alphonse XIII. — « Dans mon Royaume, le soleil ne se lève jamais. »

Composition de Th. Heine (*Simplicissimus*, de Munich, 1 novembre 1909).

LA TÊTE DE FERRER

— « Sire, l'Infant sera, comme vous, un fils obéissant et fidèle de l'Église; nous voulons, de bonne heure, lui apprendre à jouer avec les mauvaises têtes du pays.

(*Simplicissimus*, de Munich, 1 novembre 1909.)

JOURNÉE HISTORIQUE : 13 OCTOBRE 1909

Composition de G. Julio, publiée à Bruxelles en carte postale.

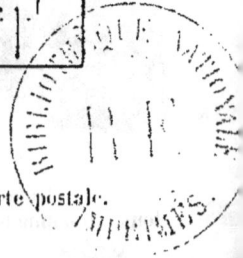

— L'Espagne, pullulant d'anarchistes, le roi Alphonse devrait se transformer en leur grand chef et ses voyages deviendraient, ainsi, autant de triomphales expéditions.

(*Kikeriki*, de Vienne. 19 mars 1908.)

Table des Matières

18

LE ROI ET LES CONJURÉS

(*Ally Sloper*, de Londres, 30 novembre 1907.)

— Les illustres contemporains jouant un rôle dans le roman du *Matin*.

AUTOUR DU CIRCUIT DE LA SARTHE

(*La Gazette de la Capitale et du Parlement*. 1ᵉʳ juillet 1908.)

Table des Gravures

I. — PORTRAITS. PORTRAITS CHARGE.
CARICATURES SUR ALPHONSE XIII INTIME

II. — CARTES POSTALES, BIBELOTS ET PUBLICITÉ

III. — CARICATURES POLITIQUES SUR ALPHONSE XIII

Alphonse XIII s'occupant de questions d'état... civil.

Croquis de Fabio Serli (*L'Illustrazione ital.*, de Milan, 1908).

Le Roi Édouard en France. — Toujours Parisien!!
(Caricature hollandaise, 1903.)

❊ ❊ ❊

John Grand-Carteret

L'ONCLE DE L'EUROPE
Devant l'objectif caricatural

280 images anglaises, irlandaises, françaises, italiennes, allemandes, autrichiennes, hollandaises, belges, suisses, espagnoles, portugaises, américaines, suivies de quelques documents et appréciations sur " L'ONCLE ".

L'ONCLE DE L'EUROPE, c'est Édouard VII, l'ex-prince de Galles, toujours Parisien, toujours gentleman accompli, personnalité sympathique entre toutes, qui, avec son neveu Guillaume, attire tous les regards de l'Europe.

John Grand-Carteret, l'infatigable historien des hommes et des choses, a su trouver la forme du livre de demain. Ici il nous montre, avec 300 images, le roi Édouard, depuis le petit prince de 1855, costumé en Écossais, jusqu'au puissant monarque d'Algésiras, personnifiant, sous la forme des colonnes d'Hercule, l'Europe britannique.

Ce livre, dédié au roi lui-même, s'ouvre par une préface à Édouard VII, qui est un document de premier ordre pour l'Entente cordiale.

CUISINE CONGOLAISE
(Caricature de G. Julio dans *La Réforme de Bruxelles*.)

* * *

John Grand-Carteret

POPOLD II

Roi des Belges et des Belles

300 caricatures sur Léopold II -- Un volume de 300 pages

Prix franco : **3 fr. 50**

Voici Popold ou Léopold II, le Roi des Belges, que ses sympathies pour certaines ballerines ont imposé comme protecteur des jeunes beautés et des artistes.

270 gravures nous montrent cet aimable monarque tantôt pacificateur du Congo, tantôt Mécène de la Danse, et toujours grand seigneur doublé d'un joyeux ironiste.

— Vois, médite, et fais-en ton profit.   (*La Campana de Gracia*, de Barcelone.)

✳ ✳ ✳

John Grand-Carteret

NICOLAS
ANGE DE LA PAIX, EMPEREUR DU KNOUT

286 images anglaises, françaises,
italiennes, allemandes, autrichiennes, hollandaises, belges,
suisses, espagnoles, portugaises, américaines, etc.

Lettre-préface à S. M. Nicolas II, Tsar de toutes les Russies, Grand-Duc de Finlande.

Un volume de 300 pages. — Prix franco : **3 fr. 50**

Avec " *POPOLD II* " et " *L'ONCLE DE L'EUROPE* ", pour prendre place dans la collection des *Célébrités vues par l'image*, voici Nicolas II, que son titre de « petit père » ne préserve pas de l'humour parfois sauvage des illustrateurs.

286 gravures apprennent au public ce qu'il faut penser de ce monarque autocrate et nous révèlent l'opinion des peuples étrangers sur les événements actuels, et sur une alliance qui ravit la France autrefois... et lui coûta cher.

John Grand-Carteret a accompagné ces images d'un texte où se sont donné libre cours, une fois encore, son esprit et sa belle érudition.

L'EXCOMMUNICATION MAJEURE

— Pour réduire la France à la raison, on se prépare à tirer le dernier coup de canon.

(*L'Uomo di Pietra*, de Milan.)

* * *

Ouvrage honoré d'une souscription de la Ville de Paris

John Grand-Carteret

CONTRE ROME

La Bataille anticléricale en Europe

Un volume de 300 pages avec 282 images. - Prix franco : **3 fr. 50**

Étude rétrospective sur la satire et l'image anticléricales, de l'origine à nos jours, et étude sur l'esprit de l'imagerie anticléricale contemporaine dans les principaux pays, avec une enquête auprès d'un certain nombre de hautes personnalités politiques et scientifiques, françaises et étrangères, sur la loi de séparation de l'Église et de l'État en France.

C'est un volume documentaire pour ceux qui s'intéressent aux questions religieuses, et ceux qui aiment l'image et la satire.

Imp. F. Schmidt, 5-7, avenue Verdier, Montrouge (Seine).